하버드 마지막 강의

WAIT, WHAT?:
And Life's Other Essential Questions
by James E. Ryan
Originally published by HaperOne, an Imprint of HarperCollins Publishers,
New York.

Copyright ⓒ 2017 by James E. Ryan
All rights reserved.

Korean Translation Copyright ⓒ 2017 by The Business Books and Co., Ltd.
Korean translation published by arrangement
with HarperCollins Publishers, New York
through EYA(Eric Yang Agency), Seoul.

이 책의 한국어판 저작권은 EYA(Eric Yang Agency)를 통해
저작권자와 독점 계약을 맺은 (주)비즈니스북스에게 있습니다.
저작권법에 의해 국내에서 보호를 받는 저작물이므로 무단 전재와 복제를 금합니다.

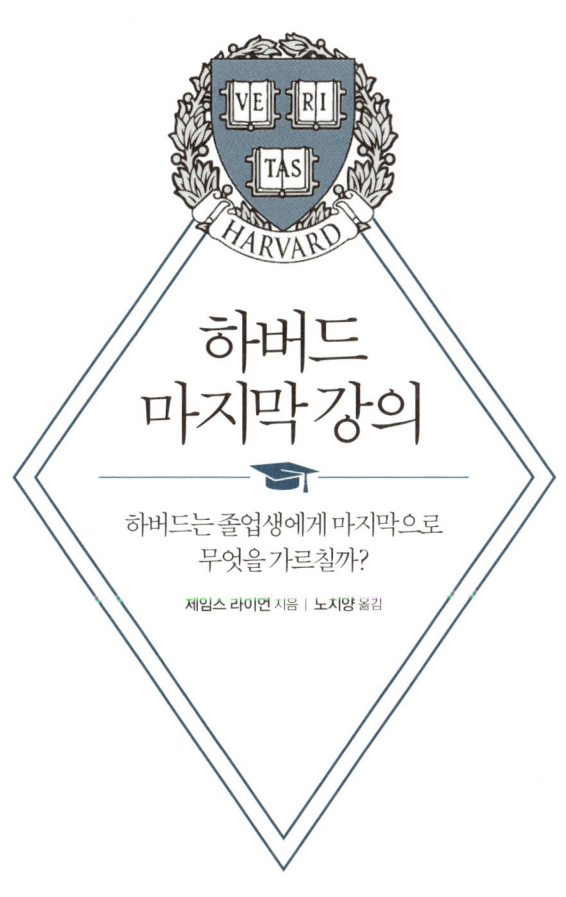

하버드 마지막 강의

하버드는 졸업생에게 마지막으로
무엇을 가르칠까?

제임스 라이언 지음 | 노지양 옮김

비즈니스북스

옮긴이 **노지양**

연세대학교 영어영문학과를 졸업했다. KBS와 EBS에서 라디오 방송작가로 활동했으며 현재는 전문 번역가로 일하고 있다.
《나쁜 페미니스트》, 《싱글 레이디스》, 《에브리씽 에브리씽》, 《나는 그럭저럭 살지 않기로 했다》, 《프랑스와 사랑에 빠지는 여행법》, 《무서운 공주들》, 《마음에게 말걸기》 등 다양한 분야의 책 70권을 우리말로 옮겼다.

하버드 마지막 강의

1판 1쇄 발행 2017년 8월 21일
1판 13쇄 발행 2024년 7월 18일

지은이 | 제임스 라이언
옮긴이 | 노지양
발행인 | 홍영태
편집인 | 김미란
발행처 | (주)비즈니스북스
등 록 | 제2000-000225호(2000년 2월 28일)
주 소 | 03991 서울시 마포구 월드컵북로6길 3 이노베이스빌딩 7층
전 화 | (02)338-9449
팩 스 | (02)338-6543
대표메일 | bb@businessbooks.co.kr
홈페이지 | http://www.businessbooks.co.kr
블로그 | http://blog.naver.com/biz_books
페이스북 | thebizbooks
ISBN 979-11-86805-79-4 03190

* 잘못된 책은 구입하신 서점에서 바꾸어 드립니다.
* 책값은 뒤표지에 있습니다.
* 비즈니스북스에 대한 더 많은 정보가 필요하신 분은 홈페이지를 방문해 주시기 바랍니다.

비즈니스북스는 독자 여러분의 소중한 아이디어와 원고 투고를 기다리고 있습니다.
원고가 있으신 분은 ms1@businessbooks.co.kr로 간단한 개요와 취지, 연락처 등을 보내 주세요.

뜨거운 햇살 아래서
졸업 축사를 경청해준
학생들과 학부모님께 이 책을 바칩니다.

차례

추천사 질문이 반이다   8
저자의 글 인생의 답을 찾아주는 다섯 개의 열쇠   14

첫 번째 질문
잠깐만요, 뭐라고요? *Wait, What?*   22

제대로 이해하는 것이 모든 일의 시작이다. 성급히 결론 짓지 말고 먼저 이해하고, 그 다음 판단하라. "잠깐만요, 뭐라고요?"는 모든 이해와 소통의 근원에 있는 질문이다. 당신의 자녀나 친구, 가족이 미숙한 추론으로 스스로를 폄하고 가치를 깎아 내리고 있다면 그들에게 이 질문을 던져 보라.

두 번째 질문
나는 궁금한데요? *I Wonder...?*   48

호기심은 나와 세상을 연결하고 더 나은 방향으로 나아가게 하는 원동력이다. "왜 그럴까?", "…할 수 있을까?"와 짝을 이루는 "나는 궁금한데요?"는 호기심의 핵심이다. 이 질문을 통해 주변의 세상에 계속 관심을 갖게 되고, 결국에는 당신 인생에 찾아올 기쁨과 가능성의 기회를 얻게 된다.

세 번째 질문
우리가 적어도 …할 수 있지 않을까? *Couldn't We at Least...?*   82

용기 있는 실패자가 겁쟁이 구경꾼보다 낫다. 작은 것이라도 시도하는 순간 인생은 성장한다. "우리가 적어도 …할 수 있지 않을까?"는 당신의 삶을 한 발 앞으로 나아가게 하는 질문으로, 당신에게 용기를 준다. 특히 이 질문은 새로운 것을 시도할 때 겪는 두려움을 극복하도록 돕는 특효약이다.

네 번째 질문
내가 어떻게 도울까요? *How Can I Help?*   108

상대방 입장에서 생각하는 것이 모든 좋은 관계의 기본이다. "어떻게 도울까요?"라고 묻는 것은 상대를 아끼고 존중한다는 메시지이자 당신이 도와줄 의도가 넘친다는 것을 알리는 신호이다. 또한 이 질문을 받은 상대가 자신의 문제를 직시하고 표현하도록 하는 가장 효과적인 방법이다.

다섯 번째 질문
무엇이 가장 중요한가? *What Truly Matters?*   136

"나는 왜 이 일을 하는가?", "이것이 내가 진정 원하는 삶인가?" 스스로에게, 그리고 다른 사람에게 무엇이 가장 중요한지 종종 물어보자. 이 질문은 당신이 산만해지지 않도록, 옆길로 새지 않도록, 핵심에 집중하도록 도와준다. 자신을 수시로 점검해야 길을 잃지 않는다.

보너스 질문
그럼에도 불구하고 당신은 삶에서 원하는 것을 얻었는가?
And Did You Get What You Wanted From This Life, Even So?   166

내 삶의 마지막에 무엇이 남을까? 사랑하고 사랑받는 것. 우리 삶은 이것으로 충분하다. 당신이 어떻게 하면 후회 없는 삶을 살게 될지 확신이 서지 않는다면 먼저 질문을 하라. "그럼에도 불구하고 당신은 삶에서 원하는 것을 얻었는가?" 그리고 "예."라고 답할 때까지 끊임없이 질문하라.

글을 마치며 질문을 대하는 우리의 자세   181
감사의 글   189

추천사

질문이 반이다

이 땅에서 나고 자란 우리 모두가 가장 힘들어하는 게 질문하는 일이라면 지나친 호들갑일까? 어렸을 때는 질문을 너무 많이 하다가 성가시게 군다고 어른들에게 꾸지람을 들어야 했고, 학교에 다니기 시작하면서는 질문보다 답을 찾는 훈련만 주야장천 받아야 했다. 나는 1979년에 미국으로 유학을 갔는데 듣는 수업마다 받아 적지 말고 질문을 하라는데 정말 난감했다.

  아인슈타인은 이렇게 말했다.

  "나에게 힌 시간이 주어진다면 처음 55분은 적절한 질문을 결정하는 데 쓸 것이다."

아인슈타인이 말한 대로 따라하다 보면 어느새 수업이 끝나곤 했다. 그러던 내가 교수가 된 이후로는 토론 수업을 주로 하는, 그리고 제법 잘하는 사람이 되었다. 퍽 길었지만, 돌아보면 참으로 보람 있는 여정이었다.

"시작이 반이다."라는 속담이 있다. 다분히 이중적인 의미를 지닌 속담이라고 생각한다. 흔히 무슨 일이든 시작하기가 어렵지 일단 시작만 하면 그리 어렵지 않게 해낼 수 있다는 뜻으로 이해하지만, 시작이 중요한 만큼 무슨 일이든 시도하기 전에 신중하게 생각하고 잘 준비하라는 뜻도 있다. 나는 이 책을 읽으며 '질문이 반이다'라는 생각을 했다. 대답이 상관없다거나 중요하지 않다는 뜻이 결코 아니다. 저자도 이렇게 말한다.

"답만큼이나 질문도 중요하다. 아니, 어떤 경우엔 답보다 질문이 더 중요할 수도 있다. 질문이 좋아야 대답 또한 좋을 수 있기 때문이다. 이는 단순한 진리이다."

좋은 질문은 어쩌면 절반이 아니라 일의 거의 전부일지도 모른다.

나는 평생 행동의 진화를 연구해 온 학자이다. 늘 '어떻게'How와

'왜'Why라는 두 가지 질문을 하며 살았다. 계절이 바뀔 때마다 먼 거리를 이동하는 철새들은 어떻게 떠날 시점을 알아차릴까? 과학자들은 이 '어떻게'라는 질문에 대한 답은 그리 어렵지 않게 찾았다. 낮의 길이가 짧아지며 호르몬 분비 양상이 변화하면 철새들이 긴 여정을 떠날 준비에 들어간다는 걸 알아냈다. 하지만 이 새들은 '왜' 해마다 살던 곳을 떠나 긴 여정에 오르는지에 대한 의문은 여전히 남는다. '어떻게'와 더불어 '왜'라는 질문에 대한 답을 찾아야 우리는 비로소 철새들의 삶을 온전히 이해할 수 있다.

맛있는 케이크를 만드는 방법은 사실 그리 어렵지 않다. 달고 기름지게 만들면 된다. 그런데 우리는 왜 달고 기름진 음식을 좋아하게 됐을까? 우리는 지금 고도로 발달된 기계문명 사회에 살고 있지만 우리의 유전자는 수렵채집 생활을 하던 때로부터 변한 게 거의 없다. 지금은 달고 기름진 음식이 주변에 넘쳐나지만 그 옛날에는 날이면 날마다 먹을 수 있는 게 아니었다. 그래서 우리는 달고 기름진 음식을 대하면 곧바로 몸 속에 저장하고 싶어 한다. 과정이나 방법을 이해하는 것만으로는 충분하지 않다. 원인 또는 이유를 알아야 상황을 나에게 유리하게 만들 수 있다. 우리 삶에서도 마찬가지이다. 기술적인 부분을 넘어 보다 근원적인 부분까지 깊이 생각하게 하는 힘, 좋은 질문이 중요한 이유가 여기에 있다.

  법학자이자 교육학자인 저자가 권하는 첫 질문은 우리가 아이들에게 심부름은 물론 마땅히 해야 할 일을 시켜도 종종 듣는 반문이다. "너, 오늘 저녁까지 네 방 말끔하게 청소해 놔."라고 하면 대뜸 "잠깐만요, 뭐라고요?"Wait, what?라며 구시렁거린다. 저자는 이 반문이야말로 우리가 어떤 일이든 시작하기 전에 제일 먼저 던져야 하는 더할 수 없이 중요한 물음이라고 말한다. 세상의 부조화를 파악하는 첫걸음이며 하고자 하는 일의 가치를 재확인해 주는 질문이기 때문이란다. 다음 질문은 "궁금하네?"I wonder...?로 시작한다. "왜 그런 건지?"I wonder why? 혹은 "만일 이러면 어떨지?"I wonder if? 궁금해 하는 단계이다. 이어서 "적어도 우리 이 정도는 해야 하지 않을까?"Couldn't we at least...?라고 물으란다. 그리곤 남들이 덤벼들 때까지 기다리지 말고 먼저 "내가 어떻게 도울 수 있나?"How can I help? 묻자고 제안한다. 마지막은 영화 〈곡성〉으로 유명해진 "뭣이 중헌디?"What truly matters?라는 질문으로 마무리한다.

  기업에서 강의할 때 내가 자주 하는 얘기가 있다. 세계 10위권 경

제대국이지만 오랫동안 선진국 문턱에서 헐떡거리고 있는 우리 경제가 진정 넘어야 할 턱이 있다고 말이다. 나는 우리 경제가 허구한 날 숙제만 할 게 아니라 출제를 할 줄 알아야 드디어 마지막 문지방을 넘을 수 있다고 생각한다. 최근 몇 년 동안 귀에 못이 박히도록 듣고 있는 충고 – '빠른 추격자'fast follower에서 '선도자'first mover로 전환하라 – 와 본질적으로 같은 의미일 것이다. '출제하는 자'는 말 그대로 '문제를 내는 자', 즉 '질문하는 자'이다. 비즈니스의 선도자는 시장을 새롭게 정의하고 아무도 가 보지 않은 길로 인도하는 자이다. 우리가 스티브 잡스에게 열광했던 이유도 그가 새로운 시장을 열어젖힌 선도자였기 때문이다. 그가 출제하면 우리 삼성과 LG가 밤잠을 줄여 가며 열심히 숙제를 한다. 과연 언제까지 우리가 삶의 질을 볼모로 이런 불공정한 경쟁을 계속할 수 있을까?

이 책은 하버드 교육대학원 제임스 라이언 학장이 2016년 졸업식에서 했던 '인생을 변화시키는 중요한 다섯 가지 질문'이라는 주제의 축사가 소셜 미디어에서 선풍적인 인기를 끄는 바람에 출간되었다. 이 책을 읽고 있노라면 비싼 등록금을 내고 하버드대를 다닌 것 못지않게 값진 인생 교훈을 얻고 있다는 뿌듯함이 밀려온다. 인생을 설계하는 학생들이나 삶의 전환점에서 새로운 길을 찾는 이들에게 라이언 학장이 제안하는 다섯 가지 질문을 스스로에게 던져보길 권한다. 성공의 지름길이 훨씬 더 훤히 보일 것이라 확신한다.

그런데 부탁이 하나 있다. 나의 이 권유에는 "잠깐만요, 뭐라고요?"라고 반문하지 말아 주시길. 현대무용의 거장 마사 그레이엄이 1990년 휠체어를 타고 김포공항으로 입국할 때 "무용을 잘하려면 어떻게 해야 하나요? 한국의 무용학도들에게 한 말씀 해주시죠."라는 기자의 질문에 한마디로 잘라 말한 대답이 생각난다.

"그냥 하세요!" Just do it!

최재천 (이화여대 에코과학부 석좌교수/생명다양성재단 대표)

저자의 글

인생의 답을 찾아주는 다섯 개의 열쇠

2014년 하버드 교육대학원 학장이라는 중책을 맡으면서 알게 된 사실은 이 자리가 아주 많은 종류의 연설을 해야 하는 위치라는 것이었다. 그중에서 가장 중요한 연설은 졸업 축사였다. 또한 가장 까다로운 연설이기도 했다. 학위 한 장을 받기 위해 수많은 학생과 학부모들이 졸업식장에서 밀려드는 졸음을 쫓아가며 (머리 위로 쏟아지는 뜨거운 햇살은 덤이다) 따분하고 진부한 축사를 들어야 한다고 생각하니 어깨가 무거웠다.

2016년 또다시 봄이 다가오자 친구와 동료들은 이번 졸업 축사에서 내가 어떤 주제로 연설할 것인지 물어 왔다. 나는 반사적으로 이렇게 대답했다.

"그거 좋은 질문인데!"

시시한 대답이었지만, 문득 '좋은 질문'이 졸업 축사의 적당한 주제가 될 거란 생각이 스쳤다. 특히나 내 평생 단짝처럼 함께한 '질문'에 대한 나의 집착을 고려한다면 말이다.

이렇게 우연히 좋은 질문하기의 중요함이 – 좋은 질문을 듣는 것의 중요함도 – 2016년 졸업 축사의 주제가 되었다. 내 젊은 날의 모습이 주마등처럼 지나갔다.

1990년 샬롯스빌의 로스쿨에서 댄스파티가 열렸다.

'오늘은 꼭 말을 걸어야지!'

나는 드디어 용기를 쥐어짜 오랫동안 짝사랑해 오던 같은 로스쿨 학생인 케이티 호머에게 나를 소개하기로 했다. 하지만 두 가지 결정적인 실수를 저질렀다. 첫 번째는 케이티가 다른 사람과 춤추고 있을 때 다가가서 내 소개를 했다는 것이다(왜 그랬냐고는 묻지 말기를. 물론 매우 좋은 질문이긴 하지만…).

두 번째 더 중요한 실수는 케이티가 아니라 케이티의 파트너에게 나를 소개했다는 것이다! 결정적인 순간에 어색하고 당황해서 정신이 잠깐 다른 곳으로 이탈했던 모양이다.

지금은 기억이 가물가물해서 편의상 그를 '노만'이라고 부르겠다. 시끄러운 음악 때문에 나는 상당히 큰 소리로 말했다.

"너 노만 맞지? 우리 민사소송 시간에 같이 수업 들었는데. 그때 능숙한 토론 실력에 놀랐어."

노만은 활짝 웃으며 대답했다.

"응, 그래. 고마워."

나의 엉터리 질문을 고려하면 노만은 굉장히 완벽에 가까운 대답을 한 셈이다. 처음부터 잘못된 질문이었다. 내가 듣고 싶은 대답은 이거였다.

'안녕, 나는 케이티 호머야. 이렇게 만나게 돼서 반가워. 그래, 나도 너랑 사귀고 싶었어!'

그날 나는 케이티와 말 한마디도 못하고 헤어졌다.

제대로 된 질문을 하지 않았으니 제대로 된 대답을 들을 희망도 가질 수 없었다. 천만다행으로 케이티는 내가 하고자 했던 진짜 질문을 이해했고, 우리는 지금 부부로 살고 있다. 감사할 따름이다.

이 이야기를 꺼내는 건 댄스파티에서 황당한 질문을 한 나를 정당황하기 위해서가 아니다. 좋은 질문을 하는 것은 생각보다 어렵다는 걸 강조하려는 것이다. 질문의 가치를 극대화하려면, 즉 좋은 질문을 하려면 삼박자가 잘 맞아야 한다. '적절할 순간에 적절한 사람에게 적절한 질문을 하라.' 이런 삼박자를 갖춘 질문은 좋은 대답을 가져오고 삶의 문제를 해결해 준다. 먼저 훌륭한 질문을 찾아내야 하는 이유가 여기에 있다(이 기준에서 보면 내 질문은 최악이었다). 하지만 좋은 질문이 어려운 이유는 때로는 까다롭고, 어색하고, 가끔은 고통스러운 상황을 견뎌내야 하기 때문이다. 질문하는 사람이나 상대방 모두에게 힘든 순간일 수도 있지만, 좋은 질문에 용기 있게 대면하는 자만이 제대로 된 답을 찾아갈 수 있다.

좋은 질문은 남녀노소, 직업에 상관없이 성공을 이끄는 견인차 역할을 한다. 예컨대 훌륭한 선생님은 좋은 질문이 아이들에게 호기심이라는 불꽃을 일으키게 하고, 학생들이 배운 지식을 실천에 옮기게 한다는 점을 잘 알고 있다. 아이들에게 주어진 선물 중 호기심보다 더 큰 게 있을까? 유능한 지도자들은 자신이 모든 해답을 갖고 있지 않다는 것을 안다. 하지만 어떻게 질문해야 하는지는 알고 있다. 고루하고 뻔한 답을 벗어나도록 하는 질문, 그 질문이 있기 전에는 보이지 않던 가능성을 열어 주는 질문을 던진다. 수준 높은 질문은 수준 높은 삶을 만든다. 성공하는 사람들은 더 좋은 질문을 하기 때문에 더 좋은 삶을 얻는다.

여러분은 어떤가? 훌륭한 선생님, 유능한 지도자와 같이 좋은 질문을 던지고 있는가? 나를 포함해서 대부분이 그렇지 못하니 크게 낙담할 필요는 없다. 우리 삶에서 가장 중요한 다섯 가지 질문을 이 책에서 소개할 예정이며, 이를 꾸준히 실천한다면 누구나 좋은 질문을 던질 수 있을 것이다. '어떻게 그렇게 확신하는가'라고 반문할 수 있겠지만 1년 전 놀라운 사건으로 증명되었다고 본다. 앞서 잠깐 언급했지만 2016년 졸업 축사의 주제를 '질문'으로 정한 나는 '인생을 변화시키는 중요한 다섯 가지 질문'에 대해 연설했다. 이 축사가 '입소문'이 나며 화제가 될 거라곤 상상도 못했다. 그런데 전 세계 천만 명의 사람들이 내 축사 동영상을 보았다. 일부 불만에 찬 반대 의견이나 비호의적인 댓글도 달렸지만 대부분의 사람들이 칭찬과 격려의 말을 남겨 주었다. 그리고 그들에게 일어난 인생의 변화를 들려주었다.

이 책에서 소개할 다섯 가지 질문은 때로는 어설프고 어색한 방식이라 해도 우리가 일생 동안 항상 물어야 하고 또 항상 들어야 하는 질문이다.

물론 질문이라는 것은 상황과 맥락에 따라 달라지기 때문에 무엇이 좋은 질문인지는 분석해 봐야 제대로 파악할 수 있을 것이다. 다행히도 이 다섯 가지 질문은 상황과 맥락에 크게 상관이 없는 것이다. 일상적인 대화에서든 심오한 대화에서든 언제 어디서나 똑같이 유용한 질문이다. 어느 월요일 아침, 내가 하나뿐인 인생을 과연 어떻게 살고 싶은지 물을 때 답을 찾도록 도와주는 질문이다. 새로운 관계를 형성하도록 돕고 기존의 관계를 더욱 돈독하게 해주는 질문이기도 하다.

 초등학교 때 우리 학교의 수위 아저씨는 항상 벨트에 커다란 열쇠 꾸러미를 차고 다녔다. 어린 마음에 이 찔렁거리는 열쇠 꾸러미가 어찌나 신기했는지, 학교의 모든 문보다 열쇠가 훨씬 많아 보였다. 보이지 않는 다른 문들은 어디 있는지, 어떤 열쇠로 그 문을 여는지, 그 문 안에는 무엇이 있을지 모든 게 궁금했다. 열쇠 꾸러미를 갖고 다니는 수위 아저씨가 학교의 최강 권력자 같았다. 내 눈에 그 열쇠는 힘의 상징으로 보였다.
 질문은 열쇠와 같다. 인생을 살아가면서 우리는 많은 문을 만난다. 그런 문 뒤에는 기회와 경험 그리고 새로운 인연으로 이어 주는 온갖 가능성이 숨어 있다. 그러나 가능성의 세계로 들어가려면 반드시 문을 열어야 한다. 그 문을 열 수 있는 열쇠가 바로 질문이다.

정확한 타이밍에 던지는 적절한 질문은 우리가 아직 모르는 무언가, 아직 깨닫지 못한 무언가, 나와 타인에 관해 미처 생각지 못한 무언가로 향하는 문을 열어 준다. 앞으로 내가 제안할 다섯 가지 질문을 열쇠고리에 달린 열쇠 중 가장 자주 사용하는 열쇠로 여겨 주길 바란다. 이 다섯 개의 열쇠를 자유자재로 쓸 수 있도록 습관을 들인다면 당신은 지금보다 훨씬 행복하고 성공적인 인생을 살게 될 거라 확신한다. 그리고 언젠가 인생의 마지막이 될 날 내가 이 책에서 '보너스 질문'이라고 부르는, 우리가 만나게 될 가장 중요한 질문에 훌륭한 대답을 할 수 있는 자격도 얻게 될 것이다.

의문은 현재의 삶에 머물게 하지만,
질문은 미래의 삶을 바꾼다.

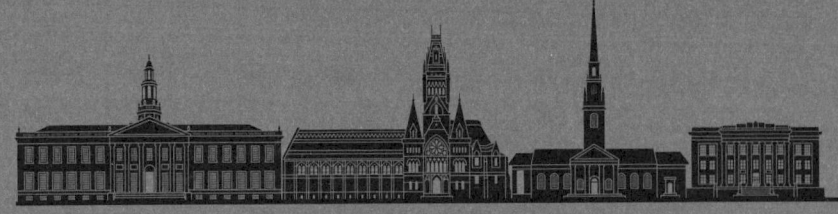

Wait, What?

첫 번째 질문

잠깐만요, 뭐라고요?

Life's Essential Questions
모든 이해와 소통의 근원에 있는 질문

제대로 이해하는 것이 모든 일의 시작이다.
성급히 결론 짓지 말 것!
먼저 이해하고, 그 다음 판단하라.

· · ·
"저… 지금 농담하세요?"

"잠깐만요, 뭐라고요?"
 내가 처음으로 이렇게 물은 건 아들 윌이 태어나기 직전이었다.

 케이티와 나는 초보 부모였음에도 불구하고 출산과 분만 과정의 A부터 Z까지 꿰고 있다고 자신했다. 분만교실도 다녔고, 시시때때로 호흡법도 연습했고, 출산비디오도 수차례 보았다. 드디어 그날, 1996년 2월 25일 아침에 케이티의 양수가 터졌다. 우리는 만반의 준비가 되어 있다고 생각했기 때문에 걱정하지 않았다.
"괜찮아, 천천히 배운 대로 하면 돼."
 뉴욕 시의 레녹스 힐 병원에서 입원 절차를 밟고 분만실에 들어갔다. 분만실은 메리어트 호텔의 객실 못지않게 꾸며져 있었다.

가진통이 왔지만, 이런 장면을 수도 없이 봤을 베테랑 간호사들의 표정은 놀라울 정도로 아무 변화가 없었다. 분만이 빨리 끝날 수 있을 거란 순진한 희망을 품은 케이티가 애써 웃음 띤 얼굴로 병원 안을 슬슬 걸어다니고 있을 때 한 중년의 간호사가 전형적인 뉴욕식 말투로 말했다.
"산모님, 뭐가 필요한진 아시죠? 분만하려면 진진통이 와야 해요."
　그때까지도 초산인 케이티는 자연분만을 할지 유도분만을 할지에 대해선 아무 생각이 없었다.

　진진통은 그로부터 약 열 시간 후에 찾아왔다.
"아악, 배가 너무 아파! 죽을 것 같애!"
　지켜보는 나도 죽을 것 같은 수준의 진통이었다. 문제는 진통만 계속될 뿐 아무 일이 일어나지 않는다는 것이었다. 케이티와 곧 우리 아들이 될 윌은 상상할 수 없는 고통을 받기 시작했다.
"음, 안 되겠는데… 다른 병실로 옮깁시다."
　분만실에 들어온 의사가 무심한 목소리로 말했다. 그건 우리가 머릿속으로 상상하던 그림이 전혀 아니었다. 당황한 나는 아무것도 묻지도 따지지도 않고 그의 말을 따랐다. 말하자면 이 책의 주제와는 정반대되는 행동을 한 것이다.

다른 병실이란 수술실이었다. 우리는 호텔의 아늑한 객실 같은 병실에서 나와 환한 불빛에 차갑고 경사진 수술대가 놓인 방으로 옮겨졌다. 테크니션과 간호사들이 우리를 기다리고 있었다. 나는 케이티의 침대 옆에 서서 의사가 담담히 하는 말을 듣고 있었다.

"아기가 못 나오고 있는데, 머리가 너무 커서인 것 같군요."

그러곤 겸자(집게)나 흡반(출산을 돕는 진공 장치) 중 어떤 것을 원하냐고 물었다. 순간 케이티가 소리를 질렀다.

"그냥 진통이 멈추게 해주세요!"

적절한 대답은 아니었지만 그것을 지적할 상황이 아니었다.

"선생님이 저희보다 더 잘 아시니, 지금 케이티에게 더 나은 선택이 어떤 건지 선생님께서 결정해 주시는 게 좋겠습니다."

나는 의사에게 애써 침착하고 정중하게 부탁했다. 이 모든 일은 우리에게 처음이었기 때문이다.

"그럼 이것으로 하겠습니다."

의사는 흡입 컵을 택했다.

또 한 명의 남자가 내 옆으로 오더니 자신을 의사라고 소개했다.

"자, 이제부터 산모의 배를 눌러 아기가 나오도록 하겠습니다."

그 의사는 나와 대조적으로 늘상 있는 일처럼 말했다.

"올리브에서 씨를 빼내는 거랑 비슷한 원리라 할 수 있죠."

그가 케이티의 배로 다가가 힘을 쉽게 주기 위해 침대 반대쪽을 잡는 순간 머릿속이 하얘졌다. 나는 분만교실에서 이런 과정을 전혀 본 적이 없다는 것을 깨달았다. '올리브에서 씨를 빼내는' 건 출산비디오에서 본 적이 없었다!

그 순간 내가 할 수 있는 말은 고작 이것이었다.

"저… 잠깐만요, 뭐라고요?"

의사는 내 말은 전혀 신경 쓰지 않고 케이티의 배를 눌렀다. 케이티는 의사에게 그 상황이 불편하다고 호소했다. 물론 정확한 표현은 '나한테서 떨어져. 죽여버리기 전에!'였을 것이다.

몇 분 후, 내 아들 윌은 마치 올리브 씨처럼 세상 밖으로 튀어나왔다.

・・・

문제의식이 모든 해결의 시작이다

분만실에서 내가 "잠깐만요, 뭐라고요?"라고 묻기 훨씬 전에도 이와 똑같은 질문을 들은 적이 있다. 대학교 룸메이트였던 키스 플라벨이 이 말을 항상 입버릇처럼 했었다. 유쾌하고 서글서글한 캐나다 남학생인 키스는 종종 이해할 수 없다는 표정으로 룸메이트들에게 이렇게 물었다.

"잠깐만, 뭐라고?"

이 질문은 거의 모든 대화에 등장하는 키스의 반사 반응이었다. 그는 약간 믿을 수 없다거나 말도 안 된다고 생각할 때도 늘 이 말을 사용했다. 내가 알기로도 특유의 표정으로 이 말을 하는 사람은 키스뿐이었고, 그래서 이 문장은 그의 트레이드 마크가 되었다.

"잠깐만, 뭐라고?"라는 질문이 키스와 내가 대학을 다니던 1980년대 중반에 유행했는지는 확인할 길이 없다. 요즘에는 캐나다에서 통용되는 말이라고 들은 적은 있지만, 이 질문이 언제 어디서 처음 등장했는지 정확히 알 수는 없다. 다만 내가 아는 것은 키스가 이 질문을 친구들 사이에 유행으로 만들었다는 것이다.

키스와 나는 졸업 후 각자의 길을 갔고, 이 질문도 내 삶에서 잊혀졌다. 키스에게 그 질문을 자주 들었던 케이티가 가끔씩 따라하긴 했지만 그게 전부였다.

그런데 아들 윌이 10년 전부터 그 질문을 하더니 윌의 친구들도 그 말을 일상적으로 사용하기 시작했다. 그야말로 자고 일어나니 가는 곳마다 모든 사람이 이렇게 질문하는 것이었다.

"잠깐만요, 뭐라고요?"

1980년대 초반부터 2000년대 초반 출생한 밀레니얼 세대에만 국한되지는 않은, 젊은이들 사이에서 통하는 일상 대화의 필수 문장이 되어 버린 듯했다.

전통적인 문법학자는 이 질문이 퍼진 현상을 안타까워했다. 아마도 '잠깐만'wait의 불필요성과 과다 사용에 불만이 있는 듯했다. 한 발 더 나아가 이것은 영어라는 언어의 질적 저하를 초래하는 증거라고 지적하는 이들도 나타났다.

하지만 나는 "잠깐만요, 뭐라고요?"가 굉장히 훌륭한 질문이라고 생각한다. 매우 단순해 보이는 말이지만, 사실 제대로 이해하고 사용한다면 문제의 근본을 짚어 줄 수 있는 질문이기 때문이다. 이런 반문이야말로 우리가 무슨 일을 하기 전에 가장 먼저 던져야 하는 물음이다. 무슨 일이든 먼저 문제의식을 가져야 이해든 해결이든 깨달음이든 내가 원하는 방향으로 나아갈 수 있다.

내 생각에 "잠깐만요, 뭐라고요?"가 인기를 끈 이유는, 이 질문은 굉장히 유용하여 어떤 상황에서도 쓰일 수 있기 때문이다. 이 질문은 각 맥락과 상황에 따라 다양한 방식으로 변용될 수 있다. 가장 단순하게는 상대방이 방금 한 말을 반복하거나 약간 변형하여 풀어 설명하도록 한다. 길게 빼서 천천히 말하는 "잠깐만요~" 다음의 짧게 강조한 "뭐라고요?"는 상대의 말이 의심스럽거나 믿지 못하겠다는 것을 나타내는 방법이다. 상대의 기분이 상하지 않도록 신경 써서 약간 예의바르게 하는 표현이다. "방금 그렇게 말한 거 맞아요?" 혹은 "농담이지요?"

이와는 반대로 짧은 "잠깐만요." 후에 긴 "뭐라고요~?"가 이어진다면 당신이 어떤 일을 부탁한 사람의 요구에 깔린 저의를 의심하고 냉소하거나 그의 부탁을 완전히 반대한다는 뜻을 나타낸다.

후자의 경우는 아이들과의 대화에서 가장 자주 등장한다. 보통은 아이들에게 집안일이나 심부름을 시키면서 왜 해야 하는지를 설명해 주는데, 그들에겐 내 말이 이렇게 들리는 것 같다.

"어쩌구 저쩌구 이러쿵 저러쿵… 얼른 방 청소해라!"

내 말이 끝나는 순간 어김없이 그 질문이 나온다.

"잠깐만요, 뭐라고요요요요요? 청소하라고요? 우리 방요?"

무언가를 정확히 이해하기 위한 첫걸음

"잠깐만요, 뭐라고요?"는 우리 인생에서 필수적인 다섯 가지 질문 중에서도 맨 처음에 위치한다. 이 질문은 명확성을 요구하기 때문이다. 명확성이야말로 개념이든, 신념이든, 사업을 제안할 때든 간에 무언가를 제대로 이해하기 위한 첫걸음이다(하지만 프러포즈를 받은 후에 이 대답을 하는 건 그리 좋은 생각이 아니다).

앞에서 언급했듯이 여기서 "잠깐만요."란 말은 불필요한 수사어로 보일 수도 있다. 하지만 이 단어가 필수불가결한 이유는 이 말이 내가 (그리고 다른 사람이) 이 문제를 정말 이해하고 있는지 확인하는 시간을 벌어 주기 때문이다. 우리는 어떤 일을 하기도 전에 이미 그 일을 이해하고 있다고 지레짐작한다. 잠깐 멈춰서 문제의 정확한 맥락을 따져 보지도 않고 말이다. 그렇게 우리는 하나의 아이디어와 주장과 사건이 어떤 식으로 중요한지 포착할 수 있는 기회를 곧잘 잃어버린다. "잠깐만요, 뭐라고요?"는 그러한 기회를 잡아 두는 좋은 방법이다.

몇 년 전, 케이티와 나는 하이킹과 카약을 하기 위해 친구들과 부부 동반으로 노르웨이에 갔다. 그곳에서 부시 파일럿bush pilot(관광객들을 외진 캠핑 장소나 오지로 데려다주는 조종사)으로 일하고 있는 오랜 친구를 만났다.

우리가 다음 날 ○○ 피오르에 하이킹을 갈 계획이라고 하자 그 친구가 말했다.

"마침 너희와 똑같은 피오르를 보고 싶어 하는 열아홉 살짜리 일본 청년이 있는데 함께 가도 될까?"

"물론이지."

우리는 흔쾌히 동의했다.

다음 날 우리는 일본 청년을 데리러 갔다.

청년의 영어 실력은 그리 출중하지 않았고, 우리에겐 일본어 실력이란 아예 존재하지 않았으니 함께 가는 내내 어색한 침묵만이 흘렀다.

"목적지에 도착! 모두 내리세요."

자동차가 멈추기 무섭게 일본 청년은 차에서 뛰어내리더니 백팩에서 앨범 한 장을 꺼냈다. 그러고는 이곳저곳 분주하게 뛰어다니다가 문득 한곳에 멈춰 앨범을 들어올리고는 멀리 산을 품고 있는 피오르를 올려다보았다. 그러다 또 다른 장소로 이동해서 멈추고 들어올리고 바라보기를 반복했다.

"저 친구 뭐하는 거지?"

우리는 서로 얼굴을 흘깃거리며 한동안 청년의 이상한 행동을 지켜보았다.

"왜 저러는 거야? 혹시 머리가 이상한 거 아냐?"

무슨 일인지 알 수가 없으니 청년이 어딘가 잘못된 것이 아닌가 슬슬 걱정도 되었다.

"이게 뭐야?"

청년에게 가까이 다가갔을 때 우리는 청년이 들고 있는 음반 재킷에 피오르 사진이 인쇄돼 있다는 것을 알았다. 멀리 커다란 산맥이 보이는 사진 한 장이었다.

"이거 그리그 교향곡 앨범이잖아."

자세히 보니 노르웨이 작곡가 에드바르 그리그의 교향곡 앨범이었다. 그러고 보니 앨범 표지에 담긴 풍경은 우리가 찾아온 바로 이 장소에서 바라본 피오르 사진이었다.

"아하, 그래서…."

우리의 새 친구는 이 사진이 찍힌 정확한 장소를 찾고 있었던 것이다!

일본 청년은 떠듬거리는 영어로 앨범 속에 보이는 이 장소에 오는 것이 평생의 꿈이었다고 했다. 이곳까지 오기 위해 지금까지 열심히 저축했다고도 했다.

그때 케이티가 물었다.

"잠깐만요, 뭐라고요?"

청년이 자신의 이야기를 털어놓기 시작했다. 그리고 우리는 완벽하진 않지만 그를 좀 더 알게 되었다.

청년은 도쿄의 작은 아파트에서 살고 있으며, 외롭고 혼란스러운 성장기를 보냈다고 했다. 어린 시절부터 막막한 현실을 탈출할 수 있는 유일한 방법은 그리그 협주곡을 듣는 것이었고, 언젠가 이 앨범 표지에 담긴 사진의 장소를 직접 가 보겠다는 꿈을 키워 왔다. 그에게는 이곳이 세상에서 가장 아름다운 장소였던 것이다.

"오늘… 드디어 내 꿈을… 이뤘어요!"

언어 소통의 문제로 우리가 그의 사연을 모두 이해하기까지는 약간의 시간이 걸렸다. 하지만 "잠깐만요, 뭐라고요?"라는 케이티의 질문은 청년이 자신의 깊은 사연을 얘기하도록 유도했고, 우리가 그의 이야기를 듣고 싶어 한다는 사실을 알렸다. 그리고 누구도 예상치 못한 근사한 이야기를 들었다.

・・・

"조금 더 명확히 설명해 주시겠습니까?"

"잠깐만요, 뭐라고요?"는 성급한 결론이나 경솔한 판단을 방지하는 방법이기도 하다. 우리는 어떤 사람이나 생각에 대해 진정으로 이해하려는 노력 없이 쉽게 단정을 지어 버릴 때가 있다. 공적인 대화, 특히 소셜 미디어에서 너무나 쉽게 한쪽 편에 서거나 응원할 팀을 정한다. 짧은 토막글이나 전화 한 통만으로 그 사람이 무지하거나 나쁘다고 판단하고 거부해 버리기도 한다.

조금만 시간을 내어 그들의 생각과 개념, 특히 새롭거나 도전적인 관점을 이해하려고 했다면 거부감 대신 호기심이 생겼을지도 모른다. 물론 타인의 개념이나 관점을 이해했다고 내 생각까지 바뀌는 것은 아니다. 하지만 이해하려고 노력한 사람은 적어도 맹목적이고 독단적인 태도를 보이지는 않는다. 그 아이디어를 제안한 사람을 존중하거나 인정할 수도 있는 것이다.

이 정도까지는 힘들어도 상대의 생각이나 주장을 이해하고 나면 그에 대해 좀 더 정확히 판단할 수가 있다. 미 연방 대법관이었던 존 폴 스티븐스는 내가 사회에서 만난 이들 중 가장 훌륭한 질문을 하는 사람이었다. 그를 만난 것은 내가 연방 대법원장인 렌퀴스트의 재판연구원clerk으로 일할 때였다. 재판연구원 업무란 젊은 변호사에게는 꿈의 일이다. 특히 질문에 집착하는 나 같은 사람에게는 더욱 그러한데, 모든 구두 변론에 참석할 자격이 주어지기 때문이다. 구두 변론은 대개 한 시간 정도이고, 양측의 변호인에게 각각 30분씩의 변론 시간이 주어진다.

질문을 안 하는 것으로 유명했던 토머스 대법관을 제외한 대부분의 대법관들은 변호인에게 의례적으로 질문을 한다. 때로는 변호인들을 통해 논점을 전달하기도 하고, 법정에서 변론하는 변호인보다는 벤치에 있는 동료들과 대화를 주고받기도 한다.

스티븐스 대법관의 질문 방식은 달랐다. 그가 "잠깐만요, 뭐라고요?"라고 정확히 질문한 것은 아니지만, 변호사들에게 반복적으로 물었던 질문은 기본적으로 같은 의미였다고 할 수 있다. 그는 같은 질문을 다양한 형식으로 바꾸어 변호사들에게 변론의 요점을 명확히 설명하도록 유도했다. 그의 질문은 굉장히 온화했고, 그 자체로 상대를 매우 존중하는 태도였다. 다른 대법관들, 특히 스칼리아 대법관은 종종 일부러 거칠게 밀어붙이거나 의도적으로 비꼬기도 했지만 그는 한 번도 그렇게 하지 않았다. 그는 늘 다음과 같은 말로 시작을 했다.

"변호인, 말하는 도중에 방해해서 미안합니다만 조금 더 명확히 설명해 주실 수 있겠습니까?"

그 후에 이어진 변호사의 답변은 백이면 백 모두 논리의 허점을 드러냈다. 스티븐스 대법관은 변호사에게 변론의 속도를 조금 늦춰 달라거나 요점을 풀어서 설명해 달라고 요청했고 - 그것은 증거나 사실일 수도 있고 법적인 근거일 수도 있다 - 이를 통해 변호사들의 변론에 오류가 있다는 점을, 그것도 아주 큰 문제가 있다는 점을 드러냈다. 스티븐스 대법관은 변론의 중심에서 '잠깐만요, 뭐라고요?'에 해당하는 질문을 던짐으로써 변호사들의 주장을 하나하나 해체했던 것이다. 그 질문에 훌륭한 대답을 한 변호사만이 변론에 성공할 수 있었다. 만약 질문에 답변을 하지 못하면 스티븐스 대법관은 차후 다른 질문을 통해 설명했고, 왜 그 변호인측이 승소할 수 없었는지에 대한 의견을 표명했다. 즉, 질문을 통해 먼저 명확한 설명을 요구했기 때문에 모든 참석자들로부터 자신이 왜 그런 판결을 내렸는지에 대한 공감을 얻을 수 있었던 것이다.

'질문'을 활용한 스티븐스 판사의 접근 방식은 우리가 일상생활에서도 기억하고 적용해야 할 중요한 사실을 시사한다. 처음엔 명확한 사실 관계를 밝히는 질문을 하고 주장은 그 다음에 하는 편이 낫다는 것이다. 어떤 입장을 표명하기 전에 "잠깐만요, 뭐라고요?"라는 질문을 꼭 하길 바란다. 다시 말해 묻거나 확인하는 절차가 옹호나 지지보다 선행되어야 한다는 것이다.

섣불리 확신하지 말 것!

물론 일상 속에서 실행하기는 말처럼 쉽지 않다. 작년에 라케시 쿠라나 교수의 마스터 클래스에 참가했던 교수들도 그 점을 절실히 느꼈을 것이다. 라케시 쿠라나 교수는 현재 하버드 경영대학원 교수이자 하버드대학 학장으로 재직 중이다.

하버드의 훌륭한 교육을 더욱 향상시키기 위해 내 동료들과 나는 매년 하버드의 능력 있는 교수들을 초대해 하버드 교육대학원에서 여러 차례의 마스터 클래스를 열고 있다. 교수들은 공개 수업을 한 뒤 이 수업을 통해 무엇을, 왜 달성하고 싶은지 참석한 교수들에게 설명한다. 라케시의 강의는 경영대학원에서 흔히 볼 수 있는 수업 방식으로, 사례 연구 중심으로 수업을 이끌어간다.

  라케시는 마스터 클래스에서 실화에 근거한 한 가지 사례를 들려주었다. 사건의 주인공은 제니, 리, 파이어트이다. 제니는 작은 홍보 회사의 젊은 직원으로 파이어트라는 네덜란드인 고객과의 계약을 성사시키기 위해 백방으로 노력했다. 그 일환으로 제니는 파이어트와의 중요한 점심 식사에 자신의 멘토이자 회사 소유주인 리를 초대했다. 리는 아직 파이어트와는 초면이었다.
  그날 파이어트는 제니와 함께 일하는 것이 너무 좋다며, 이를 여러 차례 언급했다. 그 과정에서 그녀가 얼마나 젊고 매력적인 여성인지 반복해서 강조했다. 리와 제니는 파이어트의 칭찬을 무시하며 대화의 초점을 사업에다 맞추려고 애썼다. 파이어트는 제니가 이 프로젝트를 직접 맡게 되는지 알고 싶어 했고, 리는 그녀와 회사의 다른 직원들이 함께 맡게 될 거라고 대답했다.
  점심 식사가 끝나자 파이어트는 제니에게 몸을 돌렸다, 그러고는 리를 향해 즐거운 시간이었으며, 미모의 젊은 여성과 함께 하는 식사 자리는 놓치지 않는다는 말도 남겼다.

이 마스터 클래스에서 하게 될 토의는 제니의 딜레마와 그녀가 이 상황을 어떻게 풀어 가야 하는 것인가였다. 제니는 파이어트의 발언이 성차별적이라고 지적하여 고객을 잃을지도 모르는 위험을 감수해야 할까? 아니면 회사의 이익을 위해 잠자코 있어야 할까? 우리의 논쟁은 리의 역할에 대한 이야기를 중심으로 돌아갔다. 청중들 ― 이 논점에서 여러분의 의견과 같을 것으로 생각되는 분들이다 ― 은 특히 상사인 리에 대해 말하고 싶어 했는데 대부분은 부정적인 의견이었다. 많은 사람들이 '그'가 자신의 후배이자 직원인 제니를 위해 나서 주어야 했으며, 제니가 혼자 당혹스러운 상황에 처하지 않도록 했어야 한다고 말했다.

바로 그때 라케시가 깜빡한 게 있다며 말했다.

"오, 죄송해요! 리가 여성이라는 말을 안했나요?"

그는 잠시 말을 멈추고 사람들의 반응을 기다렸다. 순간 나를 포함한 청중들은 혼란스러운 표정으로 이렇게 말했다.

"잠깐만요, 뭐라고요?"

우리는 리가 남성이라고 제멋대로 가정해 놓고 그 사람의 행동에 대한 온갖 주장을 펼쳤다는 사실을 깨닫고는 머망해 하며 웃었다. 그 사례에서 리의 성별을 나타내는 힌트는 전혀 없었음에도 불구하고 말이다.

바로 그것이 라케시의 요점이었다. 그는 우리가 잘못된 가정을 내린 채 얼마나 쉽게 판단하고 주장을 펴는지를 보여주었다. 리가 여자건 남자건 간에 잘못된 점은 비판할 수 있다. 하지만 비판하기 전에 사실 관계를 정확히 파악하는 것이 먼저다. 그 마스터 클래스 이후 나는 이 사실을 절대 잊지 못하리라는 것을 깨달았다. 그만큼 꼭 기억하고 있을 가치가 충분한 경험이었다.

집에서든 직장에서든 해결되지 않는 어려운 상황에 직면했을 때 감정적으로 대응하거나 섣부르게 예측하는 실수를 범하기 쉽다. 그럴 때 잠깐 멈춰서 스스로에게 물어보라.

"잠깐만, 뭐라고?"

성급하게 결론지으려는 태도를 경계하라.

"잠깐만, 뭐라고?"는 나의 생각을 보다 분명히 하도록 도와줄 뿐만 아니라 다른 사람들도 명확히 사고할 수 있도록 해준다. 자신감이 부족한 이들은 종종 잘못된 가정과 미숙한 추론으로 스스로를 폄하하는 어리석음을 범한다. 자신은 역량과 카리스마와 재능이 부족해 직업이나 관계에서 성공하지 못할 거라고 성급히 결론내 버리는 것이다. 만약 당신의 자녀나 친구, 가족이 스스로의 가치를 깎아내리고 있다면 그들에게 "잠깐만, 뭐라고?"를 다양한 버전으로 물어보자. 그들이 제멋대로 설정한 오류투성이 가정과 추론을 뚫고 대화의 핵심으로 들어가라. 그렇게 하면 다음 장에서 다룰 두 번째 필수 질문까지 자연스럽게 연결된다.

"네가 왜 너에 대해 그렇게 생각하는지 궁금한데?"

친구나 친지 혹은 자식이 기존의 잘못된 생각을 바로잡을 수 있도록 적절한 질문을 던지며 대화를 이끌어야 한다. 질문을 통한 대화는 쉽진 않지만 반드시 필요하다. 그 질문 자체가 그들을 응원하고 지지해 주기 때문이다.

・ ・ ・

처음엔 이해하고 판단은 그 다음에

마지막으로 훌륭한 청자聽者가 되는 것에 대해 이야기하려 한다. 우리는 언제 어디에서든 "잠깐만요, 뭐라고요?"라는 질문을 받을 준비를 하는 것이 좋다. 살다 보면 어떠한 경우든 친구, 가족, 동료들의 반대나 도전에 부딪치게 될 것이다. 그들이 내 의견에 반대했을 때 즉시 내 주장을 반복하고 내 입장을 내세우는 것은 쉽다. 하지만 그들이 반대하는 진짜 속내는 내게 더 많은 설명을 해달라는 게 아닐까? 혹시 내 말 속에 숨은 동기나 이유가 궁금해서는 아닐까?

상대방의 질문에 대해 이런 식으로 접근하는 것은 논쟁을 하기 전에 질문하는 것과 동전의 양면이라고 할 수 있다. 당신의 생각을 제대로 설명하기도 전에 불필요한 논쟁으로 끌려들어갈 필요는 없지 않는가. 그러니 당신의 제안이나 기획을 듣고 누군가가 "그건 말도 안 돼요." 혹은 "그렇게 멍청한 아이디어는 처음 들어요."라고 말했다면 그들은 그저 "잠깐만요, 뭐라고요?"라는 질문을 하고 있다고 생각하라. 그들은 더 자세한 설명을 원하고 있는 것이다. 그들이 끝내 나에 대해 동의하지 않을 수도 있지만, 내 말을 좀 더 듣고 난 뒤에는 적어도 내 아이디어가 우습다거나 무식하다고는 생각하지 않을 수 있다.

"잠깐만요, 뭐라고요?"가 중요한 질문인 이유는 이것이 모든 이해의 핵심에 있기 때문이고, 이해는 곧 충만하고 보람 있는 삶에 없어서는 안 될 중요한 요소이기 때문이다. 직업적으로도 그렇고 개인적으로도 그렇다. 우리가 사람들을 이해하고 처음 접하는 사고들을 이해할수록 세상은 더 넓고 다채로워진다. 처음에 이해하고, 판단은 그 다음에 하는 습관을 키워 보자. 이 습관을 내 것으로 만들면 논쟁을 위한 논쟁을 피하게 되고 주변 사람과 더 깊은 유대 관계를 쌓게 될 것이다. "잠깐만요, 뭐라고요?"는 보기에는 단순하지만 생각보다 꽤 얻을 것이 많은 질문이다.

답을 구하기 위해 적절한 질문을 하는 능력이 있다면,
절반 이상은 이기고 시작하는 셈이다.
— 토마스 왓슨 Thomas Watson (IBM 설립자)

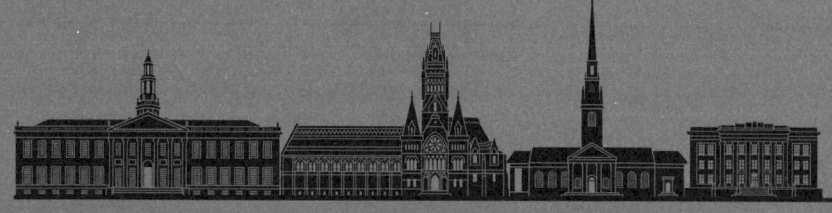

I Wonder…?

두 번째 질문

나는 궁금한데요?

Life's Essential Questions
나와 세상을 알게 하고 통찰로 이끄는 질문

"왜 그럴까?", "…할 수 있을까?"
호기심은 나와 세상을 연결하고
더 나은 방향으로 나아가게 하는 원동력이다.

"왜 그럴까?" 궁금하면 질문하라

호기심은 위험하다는 속담이 있다. 특히 고양이에게 더 그렇다고 한다. 하지만 나의 경험으로 보면 정반대이다.

결혼하고 얼마 후 케이티와 나는 네덜란드에서 잠깐 살았다. 네덜란드는 운하가 매우 많은 나라다. 어느 날 아침, 우리 아파트에서 좀 떨어진 공원에서 조깅을 하고 있었다. 그런데 공원의 잔디밭이 이상했다. 내가 뛰고 있는 곳의 잔디는 짙은 녹색인데 몇 미터 앞에 있는 잔디는 노란 빛이 나는 연두색이었다.

"잔디 색깔이 왜 이렇게 다르지?"

의심은 그뿐이었다. 난 그냥 계속해서 뛰었다.

운하의 가장자리까지 가서 중심을 잡지 못했을 때, 몇 미터 앞의 그 연두색 '잔디'가 사실은 녹조식물이라는 사실을 알게 되었다.

물론 그때는 이미 늦었다. 내가 아는 건 1초 후 내가 허리까지 닿는 운하의 끈적끈적한 초록색 점액 속에서 허우적거리고 있었다는 것이다. 주변에 지켜보는 눈이 있는지 잽싸게 살폈다. 엉기적거리며 빠져나와 보니 다행히 다친 곳은 없었다. 내 자존심 빼고는. 다만 주변의 몇몇 목격자들이 네덜란드어로 무슨 말을 하고 있었는데, 대충 이렇게 번역될 듯했다.

"와, 저 사람 진짜 웃긴다. 운하로 곧장 뛰어들어갔어!"

집까지는 좀 떨어져 있어서 1970년대 토요일 아침 어린이 TV 프로그램의 스타였던 바다 괴물 지그문트가 되어 걸어갈 수밖에 없었다.

이 경험은 나의 두 번째 필수 질문을 떠올리게 했다. 그것은 바로 "나는 궁금한데요?" I wonder…? 이다. "I wonder…?"는 엄밀히 말해서 완성형 질문은 아니고, 질문의 앞부분에 위치한 단어들에 불과하다. 또한 '왜' why와 '할 수 있는지' if와 짝을 이루어 사용되는 경우가 많다. 이 장에서는 두 가지 질문, "왜 그런지 궁금한데요?" I wonder why?(왜 그럴까?)와 "…할 수 있는지 궁금한데요?" I wonder if?(…할 수 있을까?)를 함께 묶어서 이야기해 보고자 한다.

세상 모든 것은 발견되고 해석되길 기다리는 메시지

"왜 그럴까?"는 세상에 대한 호기심을 유지하게 해주는 질문이다. 그날 네덜란드에서의 조깅 사건(!) 때 이 질문을 끝까지 놓지 않았더라면…. "왜 그럴까?"는 이 세상과 나를 연결해 주고 무언가 새로운 것을 시도하도록 유도한다. 또한 내가 이 세상을 어떻게 발전시킬 수 있을지, 적어도 내 주변만큼은 어떻게 개선시킬 수 있을지 생각하게 해준다. 두 질문은 분명 다르지만 서로 깊은 연관이 있다. "왜 그럴까?"라는 질문은 결국엔 "…할 수 있을까?"로 이어질 수밖에 없다. 아직까지 무슨 의미인지 모호하더라도 조금만 참아 주시길.

알베르트 아인슈타인은 겸손한 체하며 잘난 척하는 아주 전형적인 사람이다. 그는 생전에 곧잘 이런 말을 했다.

"나는 특별한 재능이 아니라 열정적 호기심을 가진 사람이다."

앞 문장에는 동의할 수 없지만 두 번째 문장은 누가 뭐래도 진실이다. 아인슈타인은 세상에 대해 열정적이 호기심을 가진 탐구자였다. 그는 이렇게 강조했다.

"질문을 멈추지 마라. 신성한 호기심을 절대 잃어선 안 된다."

 호기심은 "왜 그럴까?"라는 질문에서부터 시작한다. 처음 세상과 접속하는 아이들의 머릿속에는 온통 이 질문만 가득하다. "왜요?"는 시시때때로 튀어나오는 입버릇 같은 질문이고, 대화의 대부분이 이 질문 위주로 돌아간다.

 여기서 잠깐, '질문'으로 점철된 내 어린 시절의 기억을 회상해 본다.
 대부분의 유년시절이 그랬겠지만, 내 어린 시절 또한 하나부터 열까지 궁금한 것이 너무도 많았다. 저녁 식탁에서 꼬리에 꼬리를 물고 이어지는 질문 세례에 부모님과 불쌍한 여동생을 고통에 빠뜨리는, 한마디로 귀찮고 성가신 골칫덩어리 질문대장이었다.
 대학을 나오지 못한 아버지는 내가 끊임없이 쏟아내는 질문에 난감해 하며, 나의 재능이 오직 질문하기와 공 던지기밖에 없다는 사실을 받아들이기 힘들어했다. 아버지는 내게 변호사가 되라고 입버릇처럼 말씀하셨다. 하긴 이렇게 생겨먹은 내가 다른 직업으로 밥벌이를 할 수 있다는 건 상상도 안 가는 일이었으니.
 세상 모든 게 궁금했던 나는 아버지의 뜻에 따라 로스쿨에 진학

했고, 버지니아대학교 법학 교수를 거쳐 하버드 교육대학원 학장이 되었다. 내가 잘하는 일, 좋아하는 일이 운 좋게도 천직이 되었던 것이다. 아버지는 어린 시절 저녁 식탁에서 했던 것만큼이나 짜증 나는 질문을 학생들에게 하면서 월급까지 받는다는 사실이 믿을 수 없다며 신기해 하셨다. 질문대장이 하버드 교육대학원 학장이 될 수 있었던 것은 세상에 대한 끊임없는 호기심이 더 많은 답을 발견하게 해주어서인지도 모른다.

사람들은 대부분 나이가 들면서 궁금한 것들이 줄어든다. 어린 시절 "왜요?"라는 질문을 귀찮아했던 부모나 교사들 때문에 호기심을 키우지 못했을 수도 있다. 어른의 삶이란 매일 자신의 눈앞에 닥친 임무들을 수행하는 것이고, 그렇기 때문에 매사 호기심을 가질 여유와 시간이 부족할 수도 있다. 이유가 무엇이건 간에 아이들의 타고난 본성인 호기심을 어른이 되어서까지 간직하는 이들은 매우 드물다(그런 면에서 어린 시절 나의 끝없는 질문 세례에 곤혹스러워하면서도 한 번도 내 호기심을 억누르지 않았던 부모님께 감사드린다).

호기심을 되살리려면 "왜 그런지 궁금한데요?"라는 질문을 생활화하면 된다. 다른 사람들이 질문을 지겨워하거나 답을 해주지 않아도 계속 물어야 한다. 할 일도 접어 둔 채 종일 몽상이나 하라는 뜻이 아니다. 시간을 갖고 주변을 한번 돌아보라. 그리고 이렇게 물어보라.

"이건 왜 이러지?"

이 질문이 금고 열쇠가 되어 그 안에 담긴 크고 작은 미스터리를 풀어 줄 것이다. 이는 발견을 유도하고 통찰을 이끄는 질문이다. 과학자 마리 퀴리와 스티븐 호킹이 세상에 가졌던 질문이며, 위대한 예술가와 소설가들이 수 세기 동안 던진 질문이다. 과학자와 예술가들은 물론이고 훌륭한 교사이자 사업가들에게도 이 세상은 풀어 주길 기다리고 있는 수수께끼로 가득 차 있다.

이 세상의 미스터리와 수수께끼를 풀기 위해 저명한 석학이나 위대한 예술가가 될 필요는 없다. 그냥 질문만 하면 된다. 우리는 이 세상을 고정된 상태로 보는 것에 익숙하다. 우리 앞에 있는 많은 것들이 과거에는 다른 상태였다는 사실을, 지금은 보이지 않지만 중요한 힘의 산물이라는 사실을 인식하지 못한다. 알고 보면 우리 주변의 모든 것들은 발견되고 해석되길 기다리는 메시지이고 힌트이다.

호기심이 나와 세상을 끊임없이 연결시킨다

시골 지방, 특히 뉴잉글랜드 시골길을 여행하면 어디서나 돌담rock wall을 보게 된다. 내가 사는 매사추세츠에서도 어떤 돌담은 들판 한가운데 줄지어 서 있고, 어떤 돌담은 우리 집 뒷산까지 뻗어 있다. 이 돌담들은 사실 너무 흔해서 무시하고 지나치기 쉽다. 여덟 살 난 우리 딸 피비가 우리 동네에 왜 이렇게 돌담이 많은지 물었을 때까지 나도 사실 아무 생각이 없었다.

"나도 모르지."

알고 보니 이 돌담에는 재미있는 역사와 이야기가 숨겨져 있었다. 수천 년 전에 빙하가 깨지면서 화강암과 석회석 조각이 미 대륙을 덮게 되었다(좀 지루한 부분이다. 조금만 참고 들어주길 바란다).

식민지 시대와 혁명기에 이주민들은 거친 땅을 일구어 논밭을 개간했다. 이때 돌이 엄청나게 많이 나왔는데, 처음에는 되는 대로 돌을 쌓아 놓다가 점차 사유지 구분 용도로 사용되었다. 사회 구조가 농업에서 산업으로 바뀌자 이 돌담은 의미가 없어졌고, 급기야 산업혁명 시대엔 잡초처럼 마구잡이로 뻗어 갔다. 이 돌담은 그로부터 한참이 지난 1950년대에 이르러 재평가받기 시작했다. 돌담은 건국 역사와도 관련이 있었는데, 돌담을 하나하나 쌓아올린 초기 개척자들의 생각과 땅에 대한 사랑, 그들의 지치지 않는 노동을 기억하게 하는 유산이 된 것이다.

이 돌담을 제대로 보기 위해서는 피비가 했던 것처럼 질문을 해야 한다.

"여기엔 왜 이렇게 돌담이 많아요?"

그 질문은 필연적으로 다른 질문을 낳는다.

"이것들이 얼마나 오래되었나요?"

"왜, 어떻게 지어졌나요?"

"왜 어떤 돌담은 숲을 가로질러 세워져 있고, 어떤 벽들은 쓰러져 있고, 어떤 것들은 사람의 손길이 닿지 않고 흩어져 있나요?"

질문을 시작하고 그 질문에 답을 하는 순간 예전엔 지루하고 당연했던 것들이 신비롭고 매혹적인 무언가로 바뀐다.

돌담의 기원을 검색하다 보니 헨리 데이비드 소로우까지 거슬러 올라갔다. 우리 집에서 멀지 않은 콩코드의 월든 호수에 살던 소로우도 이 돌담에 감탄한 적이 있다. 1850년의 일기에서 소로우는 다음과 같은 관찰을 한다.

"나는 우리 선조들이 이렇게 거대한 돌을 옮기고 두꺼운 벽까지 쌓았다는 사실을 믿을 수가 없었다. 그들의 노동은 어쩜 이렇게 가시적이고 영구적이며 이토록 투명한가? 이 돌들을 옮기기 위해 수많은 황소들의 도움이 필요했을 것이다… 나는 궁금하면서도 놀라웠다. 이것은 우리가 제대로 감상하고 기념하지 못했던 에너지와 힘이기 때문이었다."

처음에는 투명인간같이 눈에 띄지 않았던 돌담의 존재가 이 지방의 역사에 관심을 갖게 했고 소로우의 실존적인 질문까지 접하게 했다. 갑작스럽게 이곳이 내가 사는 동네와 더 가까워진 느낌이 들었다. 이 모든 것은 하나의 질문 "왜 그런지 궁금한데요?"로 시작된 것이다.

시골 들판의 돌담은 단순한 예에 불과하다. 당장 우리 주변을 둘러보라. 시간을 내어 들여다보면 그 안에 많은 이야기가 담겨 있음을 발견할 것이다. 거리, 건물, 별, 나무, 기차, 배, 동물… 이 모든 것들엔 저마다의 과거가 있고 이야기가 있다. 특히 당신 주변의 사람들은 더욱 그렇다. 강의실의 옆자리 친구, 직장 옆자리 동료도 그럴 것이다. 그들에게는 그들만의 특별한 이야기가 있다. 그 이야기를 듣기 위해서는, 주변의 세상을 이해하기 위해서는, 지역사회의 가치와 사람들의 경험을 알기 위해서는 잠시 시간을 내서 관찰한 다음 이렇게 물으면 된다.

"왜 그럴까요?"

세상이 품고 있는 이야기들을 알아갈수록 우리 삶은 풍요로워진다. 어쩌면 이것이 인생을 길게 사는 방법일지도 모른다. 사회과학자들은 호기심이 우리를 건강하고 행복하게 해준다고 말한다. 당연한 말이지만, 호기심이 강한 사람들은 뭐든 더 많이 배우고 그 경험들을 고스란히 간직한다. 또한 호기심 강한 사람이 타인에게 더 매력적으로 비친다. 사람들은 자기에게 관심을 가져주는 사람에게 더 끌리는 법이다. 호기심은 특히 오늘날 점점 더 부족해지는 정서인 감정이입과 공감이 가능하도록 우리를 이끌어 준다.

확률적으로 볼 때 호기심 강한 사람이 보통 사람보다 훨씬 건강하고 불안감은 낮게 나타난다. 그들에게 새로운 환경은 내가 몰랐다는 걸 깨닫는 기회가 아니라 새로운 것을 알았다는 배움의 기회이기 때문이다. 어떤 연구에 따르면 호기심 강한 사람들이 더 장수하는데, 아마도 자신을 둘러싼 세상과 더 깊은 관계를 맺고 있기 때문일 것이다. "왜 그런지 궁금한데요?"라는 물음이 세상에 대해 계속 궁금하게 한다면, "…할 수 있는지 궁금한데요?"는 이 세상과 나를 단단히 연결시켜 주는 끈이 된다. 내가 경험했던 모험, 내가 시도했던 새로운 일들은 모두 이 질문으로부터 시작됐다.

"내가 그걸 할 수 있는지 궁금한데?"

물론 답은 일정치 않았다.

- 내가 우리 대학교 조정팀의 노잡이(크루)가 될 수 있을까?

  안 된다. 나는 키가 너무 작으니까. 기억할지 모르겠지만.

- 아카펠라 그룹에 가입할 수 있을까?

  안 된다. 기본적으로 노래를 할 수 있어야 한다.

- 아니면 럭비를 할 수 있을까?

  그렇다. 여기서 키와 가창력은 그리 중요하지 않다.

- 대학 졸업 후 6개월 동안 호주에 가서 쓰레기 청소부로 일하면서 생활할 수 있을까?

  안 될 것 같다. 쓰레기통에서 죽은 고양이가 나오면 나는 기절해 버릴 것이다.

- 번지 점프를 할 수 있을까?

  그렇다. 하지만 다시 하고 싶지 않다.

- 어른이 되어도 아이스하키를 할 수 있을까?

  잘하지는 못할 것이다. 우리 아이들과 팀원들의 의견에 따르면 그렇다.

- 저글링을 배울 수 있을까?

  그렇다. 그렇게 힘든 게 아니니까.

- 5년 전이라면 서핑을 배울 수 있었을까?

  '아주 조금?'이라고 우리 아이들이 대답해 주었다.

- 피아노를 배울 수 있을까?

  아니다. '떴다 떴다 비행기' 치기도 피아노 연주에 들어간다면 그렇다. 케이티에게 물으니 그렇지 않다고 했다.

이렇게 목록들을 적어 내려가다 보면 내가 시도하는 모든 일들이 성공하지는 않는다는 것을 알게 된다. 예상했던 바와 결과가 일치할 수도 있다. 그래도 "내가 할 수 있는지 궁금한데?"라는 질문을 지속적으로 하면 결국엔 하고 싶은 것들을 찾아내게 된다. 또 정신적 나태함을 예방하고 틀에 박힌 일상에서 벗어날 수 있다.

"왜 그럴까?" "그럼 이렇게 할 수 있을까?"

"…할 수 있는지 궁금한데요?"라는 질문은 그 자체도 물을 만한 가치가 있지만 "왜 그런지 궁금한데요?"와도 밀접한 연관이 있기 때문에 중요하다. 일단 "왜 그런지 궁금한데요?"를 먼저 물어보다가 만족스러운 대답을 얻지 못했을 때 우리는 필연적으로 "우리가 달라질 수 있을까?"라고 묻게 된다. 다른 방식으로 하면 현재의 "왜 그럴까?"는 자연스럽게 미래의 "…할 수 있을까?"로 이어진다.

내가 법대 교수로 재직할 당시의 연구 주제였던 흑백 분리교육 같은 사회 문제를 살펴보자. 공립학교의 흑인과 백인 분리 문제는 아주 먼 옛날의 일처럼 느껴진다. 흑백 분리교육을 미국의 학생들이 인종에 따라 정해진 학교에 다녀야 하는 법률 시스템으로 정의한다면 이 시스템은 사라진 것이 맞다. 1954년 역사적인 브라운 판결(브라운 대 교육위원회 판결)에 의해 위헌 판결을 받았기 때문이다.

하지만 법적으로 강요된 분리는 흑백 학교 분리의 한 가지 형태일 뿐이다. 다른 형태의 분리, 즉 '사실상 분리'라는 형태가 남아 있다. 사실상 분리는 법적인 강제성 때문에 일어나는 것이 아니라 다른 여러 요소들 때문에 일어나는 '사실상의' 흑백 분리를 말하는 법적 용어이다. 이런 분리는 여전히 존재한다.

지난 20년 동안 사실상 흑백 분리교육은 점점 심각해지고 있는 형편이다. 학교는 인종과 사회경제적 위치에 따라 점점 더 분리되고 있다. 여기서 필요한 질문이 바로 "왜 그런지 궁금한데요?"이다. 다행스럽게도 열정적인 교육 운동가들과 교육학자들이 이 질문을 지속적으로 해오고 있다. 그들이 찾아낸 정답은 상당히 직설적이다. 인종차별 폐지 법령은 언제나 일시적일 수밖에 없고, 얼마 지나지 않아 법적인 제재가 풀리면서 흑백 통합교육 프로그램은 다시금 무산된다. 지역사회가 분리되어 있기 때문에 학교도 서로 분리된다. 최근 설립되는 차터 스쿨Charter School(자율형 공립학교. 정부의 지원은 받지만 자율적으로 운영되는 학교)은 인종 통합학교라는 취지보다는 가난한 유색인 학생들을 지원하는 데 집중한다.

교육 운동가들이 "왜 그럴까?"라는 질문을 하고 이에 답하기 시작하면서 "이렇게 할 수 있을까?"라는 질문도 이어지게 되었다. 다양한 인종이 함께 어울려 사는 지역사회를 만들 수 있을까? 학생들에게 자신의 거주 지역 외의 학교에 다닐 수 있는 기회를 더 주면 어떨까? 일부 차터 스쿨들이 좀 더 다양성에 집중하게 할 수 있을까? 이런 질문을 통해 교육 운동가들은 끊임없이 흑백 분리교육에 대한 새로운 관심을 불러모았고, 이러한 노력으로 미국 교육부 장관 존 킹도 흑백 통합학교와 다양성을 교육부의 중점 과제로 삼았다.

그렇다고 변화가 자동적으로 이루어지는 것은 아니다. 흑백 통합학교가 예외적인 곳이 아니라 일반 학교가 되기까지는 아직도 갈 길이 멀다. 하지만 개인들이 끊임없이 "왜 그럴까?", "이러면 어떨까?"라고 질문하지 않았다면, 현재의 상태를 도저히 바꿀 수 없다고 받아들였다면 킹 장관은 인종학교 통합을 연방 정부의 최우선 과제로 선택하지 않았을 것이다.

· · ·

질문이 세상을 바꾼다

내가 이 사례를 통해 말하고자 하는 것은 개인이 어떻게 해볼 엄두조차 못내는 일이라 해도 질문은 얼마든지 해야 할 가치가 있다는 것이다. 확신을 가지고 시작한 사람은 회의로 끝나지만 의심으로 시작하는 사람은 확신을 가지고 끝날 수 있다. 그래서 누군가는 이런 말을 했는지도 모르겠다.

"미래는 호기심 많은 사람들이 세상을 지배한다. 그들은 시도하고 탐구하며 찔러보고 의문을 제기하며 뒤집어 보는 것을 두려워하지 않는다."

우리 사회에 만연한 부당함과 불평등은 너무도 견고해서 때론 왜 그럴까에 대한 질문조차 의미 없어 보일 때도 있다. 학교 분리 문제도 그렇다. 하지만 세상의 모든 문제는 절대 불변하거나 개선의 여지가 제로인 것은 없다.

따라서 현재를 바꾸기 위한 첫 단계는 질문하는 것이다.

"왜 그럴까?"(왜 그런지 궁금한데요?)

그리고 다음 질문으로 이어가는 것이다.

"이러면 어떨까?"(이러면 어떨지 궁금한데요?)

서로 연관된 두 질문은 직장뿐 아니라 개인 생활에서도 굉장히 유용하다. 특히 나는 개인적인 경험을 통해 이 질문의 무게를 절실히 깨달은 적이 있다. 이제부터 들려줄 나의 경험담은 다소 교훈적인 면이 있긴 하지만 우리에게 "왜 그럴까?"라는 질문의 중요성을 느끼게 해줄 것이다.

나는 생물학적 어머니를 뉴저지의 가든 스테이트 파크웨이의 휴게실에서 처음 만났다. 마흔여섯 살에 말이다. 내가 입양되었다는 사실은 오래 전부터 알고 있었다. 이 사실은 내가 꼬맹이라고 불리던 시절, 내 이름이 짐인지 짐보인지 헷갈리기 이전부터도 알고 있었다. 나는 낳아주신 어머니를 원망한 적도, 또 버려졌다고 슬퍼한 적도 없었다. 우리 부모님이 내가 입양되었다는 사실을 오히려 더 특별하게 만들어 주셨기 때문일 것이다.

또 충분히 행복한 어린 시절을 보냈기 때문에 그 사실이 나에게 상처가 되지 않았는지도 모른다. 우리 부모님은 완벽하진 않았지만 서로를 아끼셨다. 우리는 넉넉한 형편은 아니었지만 행복한 어린 시절에 반드시 필요한 요소라고 생각하는 것들은 전부 갖고 있었다. 자전거, 야구 글러브, 스파이크 운동화, 스니커즈, 동네 친구들, 일주일간의 여름휴가, 언제나 가족이 중심인 부모님, 그리고 대체로 나를 참아 주는 여동생 등 부족함이 없었다.

어쩌면 이 모든 것들 때문에 생물학적 부모님에 대해 그리 궁금해 하지 않았는지도 모른다. 나는 가톨릭 입양기관을 통해 비공개 과정으로 입양되었다. 그나마 내가 아는 건 우리 어머니가 들려준 이야기가 전부다.

우리 부모님은 어느 날 뉴저지 엘리자베스의 병원에 한 아이가

'준비'되었으니 이틀 안에 오라는 말을 들었다고 한다.

나를 품에 안은 수녀님이 우리 부모님이 기다리고 있던 방으로 들어왔다.

"너구나, 아가야!"

당시 나는 손으로 짠 스웨터와 여행자들의 수호신인 성 크리스토퍼 메달이 달려 있는 목걸이를 하고 있었다고 했다.

"수녀님, 이 스웨터와 목걸이는 어디서 난 건지 여쭤봐도 될까요?"

어머니의 물음에 수녀님이 눈물을 흘렸다(이 얘기를 해주는 어머니의 눈에도 눈물이 글썽거렸다).

잠시 후 수녀님이 말했다.

"얘기해 드릴 수 없습니다. 다만 이 아이를 매우 사랑하는 사람이 주었다는 사실만 말씀드릴 수 있습니다."

이 부분이 나의 호기심을 자극했을 거라고 생각할지 모르겠다. 물론 어렴풋이 고맙다는 마음은 들었지만 그게 다였다. 자신이 낳은 아이를 입양 보낸다는 건 상상 이상으로 힘든 일이었을 것이고, 그러니까 그 희생에 감사한다고만 생각했다. 하지만 생물학적 부모를 꼭 알아야 한다는 생각은 여전히 들지 않았다. 이미 나에게는 완전해 보이는 가정이 있었기 때문이다.

나는 입양 스토리의 전말을 모두 안다고 내 멋대로 생각했다. 나의 생물학적 부모는 아마도 십대였을 것이고, 아마도 고등학생 연인이었을 것이고, 자신들이 아이를 낳아 기르기 너무 어리다고 생각했을 것이다. 생모는 나의 존재를 받아들이고 열 달 후에 낳아서 입양을 신청했고 그 이후에는 자기 삶을 살았을 거라 생각했다.

이것이 대부분의 입양 뒤에 깔려 있는 매우 고전적인 스토리이고, 나도 막연히 그 전형 안에 들어갈 거라 생각했다. 사실 내가 '왜' 입양되었는지 질문해 본 적도 없고 생물학적 부모님을 찾을 수 있을지 '궁금해 한' 적도 없었다. 오히려 (양)부모님은 내가 생물학적 부모를 찾는 데 관심이 있다면 얼마든지 도와주겠다고 말씀하셨다.*

・・・

"왜?"라는 호기심이 찾아 준 뜻밖의 선물

2012년으로 시간을 돌려 보겠다. 부모님은 생각보다 이른 연세에

---

* 미안하지만 각주 하나만 달도록 하겠다. 혼란을 피하기 위해 하나만 확실히 짚고 넘어가고 싶다. 어떤 수식어도 없이 우리 부모님, 어머니, 아버지라고 지칭할 때는 (양)부모님을 말하는 것이다. 수식어인 '양'을 쓸 때는 오직 내가 이야기하는 문장이나 구절이 명확하지 않을 때뿐이다.

모두 돌아가신 후였다. 아이 넷을 낳으면서 나 또한 문득 친부모가 궁금해질 때가 있었는데, 우리 아이들이 케이티나 나를 똑같이 닮지는 않았기 때문이다. 이 아이들의 얼굴에서 우리가 알지 못하는 인척의 이미지가 어떻게 섞여 있는지 궁금했다. 하지만 네 아이를 정신없이 키우다 보니 이런 생각들도 그냥 스쳐 지나갔다.

그러던 어느 날 좋은 친구를 한 명 만났다. 그 친구는 한국에서 태어났고 일곱 살 때 형과 함께 미국으로 왔다고 했다. 그는 생부를 찾는 중이었고, 나에게도 친부모를 찾으라고 권유했다. 나는 관심이 없다고 했지만 그가 계속해서 권하는 통에 끝까지 무시할 수는 없어 알아보겠다고 말했다.

이느 날 아침, 조깅을 마치고 돌아서서 인터넷에 들어가 입양에 관련된 정보를 검색했다. 한 시간 만에 뉴저지의 입양기관이 입양에 대해 '실명 외 기본 정보'를 알려 준다는 것을 알았다. 그러니까 성만 제외하고 알고 있는 모든 정보를 공유한다는 것이다. 내 입양을 담당한 뉴저지 지점을 찾아 그들의 정책은 어떤지, 아직 나의 기록을 갖고 있는지 이메일을 통해 물었다.

'파일이 있습니다.'

바로 답장이 왔다.

'어라, 뭐가 이렇게 쉽지?'

문서를 받기 위해 수표를 보냈다.

두 달 후 세 페이지짜리 편지가 우리 집에 도착했고, 편지에는 나의 가족력과 입양 관련 상황이 자세히 적혀 있었다. 그 이야기는 내가 예상한 것과는 전혀 달랐다. 편지에는 나의 생물학적 부모의 성을 제외한 이름과, 그들의 부모와 친지의 가족 역사, 내 입양과 관련한 정보들이 상세히 담겨 있었다. 마치 19세기 아일랜드 이민자 가족을 주인공으로 한 소설의 줄거리 같았다.

생모는 아일랜드에서 출생하고 성장했다(나의 생모를 앞으로 '제럴딘'이라 부르겠다). 성인이 된 후 오빠를 따라 미국으로 왔고, 뉴욕의 부유한 집에서 일을 하게 되었다. 그러다 역시 아일랜드 출신의 바텐더를 만나 사랑에 빠졌다(케이티는 이 사실이 아주 많은 것을 설명한다고 말했다). 제럴딘이 나의 생부에게 임신했다고 말하자 그는 자신이 실은 아이가 셋인 기혼자라고 고백했다. 하지만 가톨릭 신자라는 이유를 들어 이혼은 고려할 수 없다고 했다(그런데 불륜은 고려하신 것 같군요. 그냥 그렇다고요). 제럴딘은 그와의 연락을 일체 끊은 채 혼자 강 건너에 있는 엘리자베스 미혼모의 집으로 갔다.

제럴딘은 임신 기간 동안 정성껏 뜨개질을 했고 (스웨터!) 어떻게 하면 홀로 나를 키울 수 있을지 수녀님들과 고민했다.

'입양 이야기가 나올 때마다 눈물을 흘렸다.'

그 편지에는 이렇게 적혀 있었다. 하지만 제럴딘은 결국 자신이 혼자 아이를 키울 형편이 못 되며, 내게 아버지가 필요하다고 판단했다. 그녀는 나와 병원에서 9일 동안, 내가 입양되기 바로 직전까지 함께 있었다. 그 편지의 마지막 줄은 이것이었다.

'그녀는 무너진 가슴을 안고 병원을 나갔다.'

순간 나는 깜짝 놀랐다. 그 편지는 내가 물으려고 생각지도 않은 질문에 대한 답을 해주었다. 이를테면, 생후 첫 9일 동안 내게 이름이 있었을까(그렇다고 했다. 나를 외할아버지의 이름인 마이클 조셉으로 불렀다고 했다)?

그 편지를 케이티에게 전해 주니 읽으면서 울기 시작했다. 그녀는 편지의 마지막 줄을 읽고 나서 나를 보더니 말했다.

"제럴딘을 찾아봐. 그녀에게 그후로 모든 일이 아주 잘 풀렸다고 말해야 해."

이틀 후 입양기관의 여직원에게서 전화가 왔다(그 여성을 '바브'라 부르겠다). 바브는 내 파일 안의 기록에 기초하여 편지들을 살펴보 있다고 했다. 그녀는 완벽한 뉴저지 억양으로 말했다.

"이 일을 25년 동안 해오고 있어요, 짐. 그런데 꼭 할 말이 있네요. 그 동안 이런 이야기는 본 적이 없어요. 감동했어요, 짐. 무슨 말인지 알겠죠? 정말 감동했다니까요!"

그녀는 나에게 추가 비용이 들기 때문에 제럴딘을 꼭 찾아보라고 강요하긴 곤란하다고 했다.

"하지만 짐, 나는 그분이 지금까지 당신을 계속 궁금해 왔을 거라고 확신해요."

그녀의 말은 또 다른 생각을 가능하게 했다. 이렇게 말하면 부끄럽지만, 그러니까 나의 생물학적 어머니가 날 궁금해 할 거란 생각은 한 번도 해보지 않았다.

수표를 보내고 기다렸다. 바브와 나는 생모가 아일랜드로 돌아갔을 가능성도 고려했다. 어쩌면 세상을 떠났을지도 모른다고 얘기했다. 아무 소식도 듣지 못한 채 몇 달이 흘렀다.

그 사이에 갑작스럽게 하버드 교육대학원 학장직을 제안받았다. 그 일이 나의 모든 시간과 관심을 빼앗았다. 2013년 6월 어느 날 저녁 하버드대학의 드루 파우스트 총장의 연락을 기다릴 때는 온 신경이 그쪽으로만 향해 있었다. 마침내 총장이 전화를 걸어 나에게 최종 확답을 해주었다.

이제 남은 것은 이사. 우리 가족의 삶의 터전을 버지니아에서 매사추세츠로 옮기는 문제로 머리가 핑핑 돌 지경이었다.

다음 날 아침, 밤새 고민하느라 머리가 터질 지경일 때 바브에게서 전화가 왔다.

"짐, 지금 앉아 있나요?"

"아뇨."

"그럼 앉으세요."

그녀가 말했다.

"어머니를 찾았어요!"

니는 사실 그 전날 통화했던 파우스트 총장만 생각하고 있었기 때문에 순간 바브가 나에게 이렇게 말한 줄 알았다.

'짐, 당신 어머니가 바로 드루 파우스트예요.'

하지만 그런 말은 없었다. 바브는 제럴딘을 어떻게 찾았으며, 이 소식에 제럴딘이 어떻게 반응했는지를 설명해 주었다. 바브가 연락해서 한 '인척'이 그녀를 찾고 있다고 하자 제럴딘과 남편은 엘리자베스의 입양기관으로 바로 달려왔다고 한다. 제럴딘은 내가 자신을 찾았다는 말을 듣고 울었으며, 바브에게 지금까지 평생 동안 나를 위해 매일 기도했다고 말했다.

"어떤 기도를 했는지 아세요?"

바브가 내게 물었다.

"매일매일 기도하셨답니다. 아들과 천국에서 꼭 만나게 해 달라고요."

알고 보니 제럴딘은 아일랜드로 돌아갈 생각도 해본 적이 없었다. 훌륭한 남편, 내가 앞으로 '조'라고 부를 남자분을 만나 결혼했고, 네 아이를 낳아 키우고 뉴저지로 이사했다. 제럴딘의 가족은 내가 자란 곳에서 불과 15분 떨어진 동네에 살고 있었다! 자녀들은 내 친구들도 다녔던 가톨릭 학교를 다녔다. 어쩌면 어린 시절 우리는 몇 번 스쳤을 수도 있다.

며칠 후 마침내 제럴딘과 전화 통화를 하게 되었다. 처음에는 제럴딘의 남편 조와 이야기했는데, 그분이 말을 꺼내기도 전에 나는 이런 말들을 내뱉었다.

"전 미친 사람 아닙니다. 돈을 원하는 것도 아니고요. 감정적으로 매달리는 사람도 아닙니다. 적어도 평소에는요. 그저 감사하다고 말하고 싶고, 제럴딘에게 모든 일은 잘 풀렸고 나는 행복하다는 사실을 말씀드리고 싶을 뿐입니다."

건너편에서 그가 웃고 있는 것이 느껴졌다. 그가 한 말은 이것뿐이었다.

"아내가 이날이 오길 오래 전부터 기다리고 있었습니다. 짐. 아내는 내가 아는 가장 훌륭한 여자예요."

마침내 제럴딘과 통화를 했다. 우리의 대화는 초현실적인 듯하면서도 지극히 자연스러웠다. 그녀는 아직도 아일랜드 억양을 갖고 있었다. 제럴딘이 아내 케이티와 우리 아이들에 대해 물었다. 잠시 망설이더니 나에 대해서도 물었다. 앞으로 더 이야기하자고, 그리고 언젠가 꼭 다시 만나자고 말했다.

둘 다 만나기 편한 장소로 우리는 가든 스테이트 파크웨이의 휴게실을 골랐다. 뉴저지에서 온 사람들이 만남의 장소로 활용하기 좋은 곳이다. 그날은 아이들이 태어나고 자란 버지니아의 집을 떠나 우리 가족 모두 매사추세츠의 새 집으로 이사 가는 날이었다. 아이들은 이사로 스트레스를 받고 있었고, 제럴딘에 대해서는 사실 관심도 없었다. 몇 년 전 돌아가신 나의 어머니-그들의 할머니-에게 깊은 애정을 갖고 있었기 때문이기도 하다. 하지만 제럴딘을 보는 순간 눈을 깜빡깜빡하더니 놀란 눈으로 나와 제럴딘을 번갈아 쳐다보았다.

제럴딘은 150센티미터가 약간 넘을까 말까 한 자그마한 체구였고, 마치 가발을 쓴 나 같았다. 우리가 닮은꼴이라는 사실은 신기할 정도로 의문의 여지가 없었다. 그 순간 나의 아이들은 이 모든 경험 속에 자신들이 연관되어 있다는 사실을 느낀 듯했다. 휴게실의 던킨도너츠 바로 옆 푸드코트에 앉아 있는, 처음 보는 할머니가 자신들의 일부라는 것을 알아보았던 것이다.

우리는 두 시간 정도 앉아 손을 꼭 잡은 채 번갈아 사진을 보았다. 헤어질 때 제럴딘은 우리 아이들에게 각자의 이름이 적힌 봉투를 주었다. 봉투에는 카드와 함께 20달러짜리 지폐가 한 장씩 들어 있었다. 여름방학에 쓸 아이스크림 용돈이라고 했다.

이후로 이복형제와 자매들도 만났는데, 그중 한 명은 나와 쌍둥이라고 할 정도로 닮았다. 제럴딘과는 2주에 한 번씩 통화를 했다. 놀라울 정도로 물 흐르듯 편안한 관계였다. 제럴딘은 전화 통화를 자주 했으면 좋겠다고 말했다. 사랑하지 않을 수 없는 분이었다. 미소가 아름다웠고, 소리 내서 잘 웃었으며, 정이 많고 자상했다. 한없이 친밀감을 느낄 수 있는 분이었다.

묻지 않았으면 절대 몰랐을 것들

만약 "내가 왜 입양되었을까?"와 "내가 생모를 찾을 수 있을까?"라고 질문하지 않았다면 제럴딘과 가족들을 만나지 못했을 것이다(한국인 친구와 아내 덕분이다). 이 질문을 했기 때문에 내 삶이 풍요로워졌다고 하는 표현만으로는 너무나 부족하다. 지금 생각해 봐도 제럴딘의 이야기를 내 멋대로 안다고 생각했던 것은 정말 우스운 착각이었다.

나와 비슷한 나이의 이복형제들을 만나고 집으로 오던 날 비로소 내가 얼마나 잘못 생각했었는지를 깨달았다.

우리는 제럴딘의 딸이 사는 집으로 들어갔다. 제럴딘은 내 손을 꼭 잡은 채 내가 다른 형제들을 볼 때까지 놓아주지 않았다. 그녀는 자상한 표정으로 나를 돌아보더니 전혀 머뭇거리지 않고 내 옷깃을 정리해 주었다. 그때 깨달았다. 그녀는 내 '어머니'였던 적이 없고, 어느 누구도 나의 양어머니를 대신할 순 없지만, 제럴딘에게 나는 언제나, 앞으로도 영원히 아들이었던 것이다.

물론 이건 세상을 바꿀 만한 대단히 기적적이고 놀라운 일은 아닐지 모른다. 하지만 적어도 나의 세상은 놀랍고도 의미 있는 방식으로 바뀌었다. 이것이 바로 "왜 그럴까?"와 "그럴 수 있을까?"란 질문을 해야 하는 결정적인 이유이다.

이 질문은 단순히 당신 주변 세상에 대한 호기심을 잃지 않는 데 유용한 것이 아니라 우리 자신에 대해 묻게 하기 때문에 중요하다. 이 대목에서 자기계발서 식의 교훈을 주입하고자 하는 것은 아니다. 그저 나는 자신에 대해 호기심을 유지하고 있는 것이 건강하고 생산적이라고 믿을 뿐이다.

당신은 왜 그런 습관을 갖고 있나요? 왜 어떤 장소를, 어떤 음식을, 행사를, 사람들을 좋아하며, 그만큼 좋아하게 될 다른 것이 있을까요? 왜 새로운 경험은 당신을 불안하게 할까요? 왜 회의에서 입을 다물고 있고 파티에서도 자기를 보여주지 않나요? 왜 당신은 집중하지 못할까요? 왜 가끔 가족 중 한 사람에게 인내심을 쉽게 잃곤 하나요? 당신에 대해 바꾸고 싶은 점이 있다면 바꾸도록 노력해 볼 수 있을까요? 아니면 그보다 더 중요한 것은, 이런 모든 모습들을 당신이라는 사람으로 그냥 받아들일 수 있나요?

"왜 그런지 궁금한데요?"는 호기심이 그 핵심이고, 이 질문을 한다는 것은 당신 주변의 세상, 당신의 자리가 있는 그 세상에 계속 관심을 갖는다는 뜻이다. 이 질문이 보다 근본적인 이유다. "…할 수 있는지 궁금한데요?"가 중요한 이유는 세상과의 관계를 유지하고 그 속에서 나를 더 나은 방향으로 나아갈 수 있게 만들기 때문이다. 이런 질문을 하지 못한다면 당신은 어쩌면 자신의 인생에 찾아올지도 모를 환희와 가능성을 놓칠 수도 있다. 그 가능성과 기쁨은 나와 제럴딘의 경우처럼 생각보다 훨씬 더 가까이 있을 수도 있다.

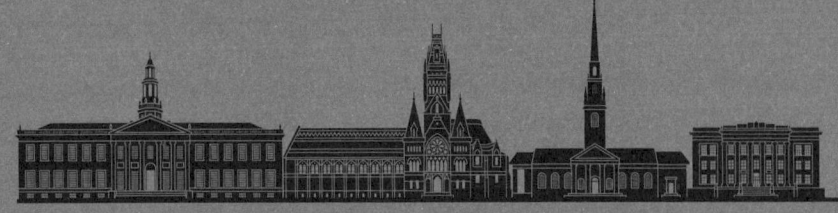

Couldn't We at Least…?

세 번째 질문

우리가 적어도 …할 수 있지 않을까?

Life's Essential Questions
우리 삶을 한 발 앞으로 나아가게 하는 질문

용기 있는 실패자가 겁쟁이 구경꾼보다 낫다.
작은 것이라도 시도하는 순간
인생은 성장한다.

· · ·

"우리 진지하게 얘기라도 해보면 안 될까?"

세 번째 중대한 질문은 (역시 중요한) 넷째 아이 피비를 이 세상에 나오게 했다. 믿기 힘들지 모르겠지만 사실이다.

케이티와 나는 처음부터 세 명의 아이를 계획했다. 그런데 케이티가 마음을 바꾸었다.

"우리 가족이 아직은 완전하지 않은 느낌이야."

"뭐라고?"

우리는 거의 1년 동안 이러한 대화를 나누었다. 난 그때마다 아내가 농담을 한다고 생각했다. 아들만 셋을 둔 우리 가족을 보고 불완전해 보인다고 말할 사람은 별로 없을 테니까 말이다.

1년 후에도 케이티는 여전히 같은 주장을 펼쳤고, 그제야 아내의 말이 농담이 아니라는 것을 깨달았다.

"아들만 셋이라 딸을 원하는 거야?"

내가 물었다. 나는 케이티가 '피비'$_{Phebe}$라는 이름을 아이에게 짓고 싶어 했다는 것을 알고 있었다. 일반적으로 쓰는 '피비'$_{Phoebe}$와는 스펠링이 달랐다. 케이티가 말하길 자신의 가문 중에 이 이름을 가진 친척이 살렘 마녀사냥 시절에 마녀로 오해받아 처형을 당했다고 했다.

"아니야."

아내의 반응은 의외였다. 성별은 상관없고, 어쩌면 물려줄 옷과 장난감이 충분하니 아들이 더 키우기 좋을 것 같다고도 했다.

"그냥 우리 가족에게 아이가 하나 더 있었으면 좋겠다는 생각이 자꾸 들어서…."

그때까지도 케이티가 말도 안 되는 소리를 한다고 생각했다. 셋째 아이 벤은 순해서 수월하게 키우고 있고, 내가 볼 땐 지금이 딱 좋았다. 더는 일을 복잡하게 벌이고 싶지 않았다.

'기다려. 그 말이 쏙 들어가게 해주지!'

이 주제에 대한 대화를 미루었다. 나는 우리 집 한복판으로 토네이도가 진입할 때까지 기다렸다가 결정적 한마디를 던지기로 했다.

일요일 아침 7시 아들 셋이 모두 일어났고, 둘은 심하게 싸우다가 짜증을 내고 한 명은 어디 갔는지 모를 때, 바로 이때다!

아내에게 보란 듯이 큰소리로 말했다.

"이 그림을 더욱 완벽한 난장판으로 만들어 줄 게 뭔지 알아? 갓난아기야!"

그렇게 또 한 해가 흘렀지만 케이티는 단념하지 않았다. 둘 다 막다른 길에 봉착했다. 케이티의 결심은 확고했고 나 또한 그랬다. 그때 그녀는 다음과 같은 완벽한 질문을 던졌다.

"우리, 제발 적어도 진지하게 얘기라도 해보면 안 될까? 넷째 아이가 우리 가족에게 어떤 의미일지 말이야."

그래서 우리는 진지하게 대화를 하고 또 했다. 2년 후 마침내 나도 마음을 바꾸었다. 이후 9개월 뒤 피비가 우리에게 찾아왔다. 케이티가 옳았다. 지금 나는 피비가 없는 우리 집은 도저히 상상조차 할 수 없다. 이 아이가 없었을 때 우리 가정은 진정 미완성이었다!

· · ·

한 발 앞으로 나아가게 하는 물음

앞서 말한 두 번째 필수 질문처럼 "우리가 적어도 …할 수 있지 않을까?" 또한 한 가지의 구체적이고 완결성 있는 질문이라기보다는 다양한 맥락과 방식으로 질문의 핵심을 건드리는 물음이다. "우리 적어도 이 점에는 동의할 수 있지 않나요?"라고 물으면 의견 차이를 넘어서 합의에 도달할 수 있다. 또한 "적어도 우리 시작은 해볼 수 있지 않아요?"라고 물으면 결과가 어떨지 확신할 수는 없어도 일단 시작은 해볼 수 있다. 구체적인 형태가 무엇이건 "우리 적어도…"로 시작되는 질문은 조금이라도 발전할 수 있는 계기를 만들어 준다.

"우리 적어도 이 점에 동의하진 않나요?"는 둘 사이의 공통분모를 찾는 방법이기도 하다. 정치건, 사업이건, 결혼이건, 우정이건, 건강하고 생산적인 관계를 유지하기 위한 열쇠는 바탕에 깔린 합의이다. 특히 한 치의 양보도 없는 논쟁 중에 "우리 적어도 이 점에 동의하진 않나요?"라고 물으면 잠깐 멈춰서 그래도 동의할 수 있는 부분을 찾아낼 수 있다. 한 발 물러서서 합의점을 찾은 후에는 두 발 앞으로 나가는 방법을 모색하면 된다. 이보 전진을 위한 일보 후퇴일 뿐이다.

많은 사람들이 자신의 관점에 집착하고, 다른 사람의 의견을 알기 위해 노력하기보다 자신의 의견을 납득시키는 데 많은 시간을 할애한다. 영국의 어느 정치가는 이런 말을 했다.

"대화의 진정한 가치는 상대방의 의견을 무력화시키는 것이 아니라 더욱 발전시키는 것이다."

여기에서 세 번째 질문이 빛을 발한다.

공통분모를 찾는 것은 오늘날 특히 더 중요해진 것 같다. 우리는 인터넷과 소셜 미디어로 인해 정보가 넘치는 세상에 살고 있으며 나와 다른 생각을 가진 사람들을 쉽게 접할 수 있다. 그런 만큼 사람에 대한 이해심도 넓어지고 열린 마음으로 세상을 바라 볼 것 같지만, 현실은 그 반대이다.

소셜 미디어에 관한 연구에 따르면 특히 페이스북은 가상의 대화를 만들어 가는 공간으로, 비슷한 관점을 가진 사람들이 그들의 신념을 더욱 공고하게 해줄 정보만을 공유한다고 한다. 전통적인 미디어도 마찬가지다. 보수적인 사람들은 폭스 뉴스를 즐겨 보고 진보적인 사람들은 MSNBC를 시청한다. 대부분의 시청자들이 자신의 의견을 강화시키는 정보만을 골라 취하고 있다. 같은 스포츠 경기를 보더라도 자기 입맛에 맞게 진행하는 방송을 골라 시청한다. 홈팀 방송과 원정팀 방송의 해설은 완전히 달라진다. 우리는 점점 우리가 보고 싶은 것들만 보며 살아 간다. 사회과학자들이 말하는

'집단 극화 효과'Group Polarization Effect로, 이는 굉장히 안타깝고 위험한 현상이다.

  온라인에서나 현실에서 비슷한 생각을 가진 사람들이 뭉치면서 서로의 관점을 강화한다. 문제는 자신들의 신념만이 옳다고 주장하는 것에 그치지 않고 의도적이건 아니건 극단적인 입장까지 취하도록 강요하는 것이다. 만약 당신이 뉴욕 양키스를 좋아하지 않는다면 양키스를 싫어하는 사람들과 어울릴 것이고, 그 결과 점점 더 양키스는 나쁜 구단, 도덕적으로 부패한 구단이라고 확신할 것이다. 한 발 더 나아가 양키스는 야구라는 국민 스포츠에 해를 끼치는 악의 집단이라고까지 믿기 시작할 것이다. 보스턴의 펜웨이 파크에서 실제로 그런 무조건적인 비난을 자주 목격하게 된다. 양키스 팬의 입장에서 그리 아름다워 보이지는 않는다.

  "우리가 적어도 동의할 수 있지 않나요?"는 집단주의와 극단주의를 해소할 수 있는 방편이다. 적어도 어떤 영역은 동의한다는 것을 알려 주는 초대장이기 때문이다. 다른 시각을 가진 사람과의 사이에서 공통분모를 찾으려면 이 세상엔 수많은 미묘하고도 다양한 결들이 존재한다는 사실을 인식해야 한다. 적어도 당신과 다른 의견이나 생각을 가진 사람을 악마로 보지 않으려면 말이다.

다시 한 번 보스턴 레드 삭스와 뉴욕 양키스 예를 들어보자. 몇 년 전 양키스의 유격수 데릭 지터가 은퇴했다. 그는 야구장 안팎에서 존경받는 출중한 선수이자 모범적인 인물이었다. 레드 삭스의 데이비드 오티즈는 2016년 시즌을 끝으로 은퇴했다. '빅 파피'라는 별명의 데이비드 오티즈 또한 팀의 간판 타자로 팬들의 사랑을 한 몸에 받았다. 양키스와 레드 삭스 팬들 사이에서 공통분모를 찾고 싶다면 어떻게 하면 될까? 지터와 오티즈 이야기를 꺼내면 된다. 양 팀 팬들 모두 지터와 오티즈를 좋아하고 인정하는 편이다. 양키스 대 레드 삭스의 격양된 대화 속에 이 두 선수의 이름이 나오기만 해도 경쟁의 열기가 약해지고 분위기가 부드러워진다.

· · ·

구체적인 계획 없이도 첫발을 뗄 수 있는 방법

"우리가 적어도 동의할 수 있지 않나요?"는 야구뿐만 아니라 헌법 관련 논쟁에서도 매우 유용한 역할을 한다. 나의 친구이자 로스쿨 동기인 더그 켄달 이야기를 예로 들고 싶다.

공화당과 민주당은 수십 년 동안 헌법 해석에 대해 확연한 입장

차이를 보였다. 보수 측은 대법관들이 헌법의 원래 의도를 따라야 한다고 주장했다. 즉, 몇 세기 전 헌법 제정 당시의 의미가 현재에도 그대로 적용되어야 한다는 것이다. 이런 접근 방식은 헌법이 시대에 맞추어 다르게 적용된다는 가능성을 배제한다.

한편 진보 측은 '살아 있는 헌법' 개념을 주장하며 판사들이 현대 사회에 맞게 헌법을 업데이트해야 한다고 강력하게 주장한다. 보수 측은 이에 반박하며 '살아 있는 헌법' 개념이 판사들에게 너무 많은 재량권을 준다고 우려한다. 진보 측은 원래 의도만을 고집하는 것은 판사들이 몇 세기 전에 꿰맨 재킷을 입고 있는 것과 같다고 주장한다.

이러한 논쟁에 대해 더그는 양쪽 모두에 약점이 있다고 보았다. 그는 진보 측에 이렇게 질문했다.

"그래도 우리가 헌법에 나와 있는 단어의 실제 의미를 존중해야 한다는 데는 동의하지 않습니까?"

보수 측에는 이렇게 물었다.

"헌법에서의 가장 중요한 수정헌법들이 개방형 헌법으로서 사실적이고 구체적인 법칙보다는 일반적인 원칙을 확립하지 않았나요?"

만약 건강한 음식만을 먹겠다는 기본 원칙을 세웠다고 가정하자.

우리가 건강하다고 믿었던 음식이 그렇지 않다고 밝혀졌거나 혹은 그 반대의 상황이 벌어질 때 원칙에 맞게 구체적인 사항은 수정할 수가 있다. 더그는 헌법도 그런 식으로 작용한다고 주장했고, 원칙에 충실하다면 새로운 시대에 따라 적용 방식 또한 달라질 수 있다고 믿었다.

헌법에 대한 관점을 발전시키기 위해 더그는 워싱턴에 헌정이행연구소Constitutional Accountability Center라는 공공기관을 설립했다. 헌정이행연구소는 헌법 수정사항이 생기면 원래 의미에 대한 보고서를 발표하는 역할은 물론 판사 선임에도 관여하게 되었다. 이곳은 얼마 지나지 않아 헌법에 관련한 논쟁을 주도하는 중요한 기관으로 빠르게 성장했다.

이 과정에서 헌법 논쟁의 지평을 바꾸는 데도 큰 몫을 했다. 진보적 변호사와 판사들은 헌법에 나와 있는 본래 단어의 의미에 좀 더 관심을 갖게 되었고, 보수적인 동료들과 보다 건강한 논쟁을 펼칠 수 있었다. 결국 많은 사람들이 – 2세기에 걸쳐 수정 보강된 – 헌법은 그 자체로 진화하면서 자유와 평등의 원칙까지도 확립하고 유지한다는 생각을 공유하게 되었다. 이후 더그는 진보와 보수 변호사 모두에게 감탄과 존경의 대상이 되었다.

확실히 더그는 전략적이었다. 그는 헌법 언어의 원래 의미에 관한 논쟁이 본격화되면 진보 측의 승산이 높다는 걸 알았다. 이런 관점에서 볼 때 "우리가 적어도 …에 동의할 수 있지 않나요?"라는 질문은 양측 사이의 공통점을 찾는 작업이자 헌법의 의미에 관한 보다 폭넓은 논쟁에서 이길 수 있는 첫 단추인 것이다.

더그의 접근 방식은 우리에게 넷째 아이가 어떤 의미인지 적어도 이야기는 해볼 수 있지 않느냐고 했던 케이티의 접근 방식과 흡사하다. 더그와 케이티 모두 공통의 기반을 찾는 것이 타인을 자신의 관점으로 끌어들이는 첫 번째 단계라는 것을 알았다. 그리고 둘 다 그 일을 굉장히 잘 해냈다.

물론 "우리기 적어도 동의할 수 있지 않아요?"가 모든 갈등을 해소할 수는 없다. 하지만 적어도 의견 충돌의 범위를 축소할 수는 있다. 공통의 근거를 찾으면 의견이 충돌하는 지점을 분리하여 별도로 다룰 수 있다. 이슈를 논하다 상대의 의도에 의문을 표하며 시간을 낭비하는 불상사를 막을 수 있다. 이런 일은 공공 토론, 특히 교육 관련 논쟁에서 자주 일어난다.

교육계에서 일하는 사람들은 이 분야의 모든 사람들이 학생들의 복지를 위한다고 생각할 것이다. 그러나 교육 문제로 싸우는 양측은 언제나 상대의 동기를 의심한다. 예를 들어 차터 스쿨을 지지하는 사람들은 공교육의 사교육화를 원하고 차터 스쿨의 수를 늘리려는 대형 헤지 펀드 설립자들에게 돈을 벌어다 주려 한다고 비난받는다. 교사들의 노동조합을 지지하는 사람들은 아이들이 아니라 교사들의 안녕만 챙긴다는 비난을 받는다.

미국 교육제도와 관련된 이런 흔한 논쟁들은 악의적이고 비생산적이다. 나와 동의하지 않는다고 해서 상대방을 무조건 의심하거나 비도덕적 의도를 품었다고 주장하는 것은 이들과 논쟁할 필요조차 없다고 미리 단정짓는 무례한 태도다. 가치와 목표에 대해 터놓고 진실한 대화가 가능하다면, 또 가치와 목적 안에서 서로 동의하는 부분을 발견할 수 있다면 교육 논쟁은 제자리걸음이 아니라 몇 걸음 발전할 것이다.

다시 말하지만 "우리가 적어도 우리 자녀들에게 질 높은 교육을 제공하고 싶다는 점에 대해서는 찬성하지 않나요?"라는 질문이 모든 교육자들의 의견차를 극복하게 만드는 만능 열쇠는 아니다. 하지만 적어도 나쁜 감정은 내려놓고 건설적인 토론을 가능하게 한다. "우리가 적어도 …할 수 있지 않나요?"라는 질문은 지금 당장 구체적인 계획이 없어도 첫발을 뗄 수 있게 해준다. 생활 철학자라 할 수 있는 메리 포핀스도 강조했다시피 "일은 시작했으면 반은 한 것이다"(물론 이분은 손대지 않고도 물건을 움직이는 마법을 지녔으니 이렇게 쉽게 말할 것이다. 그렇다손 치더라도 좋은 조언인 건 확실하다). 우리는 가정에서나 직장에서나 – 미루는 습관, 두려움, 완벽에 대한 욕심 – 일을 언제 어떤 식으로 끝낼지 알지 못하면 시작조차 안 하는 경향이 있다.

시작하겠다는 마음은 때론 인생의 가장 중요한 결정이기도 하다. 독일 작가 괴테의 말 중 내가 가장 좋아하는 인용구가 있다.

> "그대가 할 수 있는 것, 꿈꾸는 것이 있다면 시작하라.
> 그 자체가 천재성이고 힘이며 미력이다."

나는 개인적인 삶과 직업적인 삶 안에서 그 증거들을 목격하고 있다.

우리 부부에겐 언젠가 아이들과 외국에서 1년간 살아보겠다는 꿈이 있었다. 아이들에게도 소중한 경험이 될 것이고, 무엇보다 가족이 더욱 친밀하게 하나 되는 계기가 될 거라고 믿었다. 하지만 인생은 우리 뜻대로 쉽사리 움직여주지 않는다. 사실 외국에 1년이나 나가는 것은 쉽지 않은 일이어서 그 꿈은 서서히 잊혀져 갔다.

 몇 년 전 마음 먹은 것을 지금 당장 실행하지 않으면 영영 하지 못한다는 것을 깨달은 순간 우리는 오랜 꿈을 실행하기로 결심했다. 나의 안식년 중 '적어도' 한 학기는 나갈 수 있겠다고 판단하고 고민 끝에 뉴질랜드를 가기로 결정한 순간 모든 일이 물 흐르듯 진행되었다. 나는 오클랜드대학교의 방문 교수가 되었다는 연락을 받았다. 아이들이 다닐 공립학교도 정했고 괜찮은 집과 차도 구했다. 원래 계획보다는 짧았으나 뉴질랜드 생활은 우리 가족에게, 또 우리 인생에서 가장 축복되고 소중한 다섯 달이었다. 이 모든 것이 가능했던 이유는 안 된다고 예단하지 않고 "우리가 적어도 …할 수 있지 않을까?"라고 질문했기 때문이다.

 이 질문은 아이들이 새로운 것을 시도할 때 겪는 두려움을 극복하도록 돕는 특효약이다. 특히 스키 같은 스포츠가 그렇다. 스키를 사랑하는 나는 아이들도 나처럼 스키 마니아가 되길 바라는 마음에서 '이 한 몸 희생하여' 스키 강습을 해주기로 결심했다. 물론 스키 여행을 떠날 완벽한 핑계였다. 하지만 스키란 처음 접하는 초보에게는 무시무시한 스포츠다. 거추장스러운 장비와 눈 덮인 산맥과 추운 날씨의 조합은 초보자들에게 – 나이에 상관없이 – 쉽사리 열정과 모험 정신을 불러일으키지 않는다. 오히려 두려움과 압박으로 다가온다. 이 점을 알고 있기에 아이들에게 새로운 것을 시도하게 할 때 "우리 적어도 …할 수 있지 않을까?"란 질문을 했고, 이 질문은 긍정적인 결과를 가져왔다. 아이들이 리프트를 타기 무서워하면 이렇게 말했다.

"우리 저 꼭대기까지 올라가서 뭐가 있는지 잠깐 보고만 내려올까?"

난이도 높은 코스를 두려워하면 이렇게 물었다.

"우리 트레일 올라가서 어떤지 내려다보기만 할까?"

"우리 적어도 …할 수 있지 않을까?"라는 질문이 항상 효과를 보는 것은 아니었다. 하지만 아이들이 다음 단계로 성장하려면 꼭 들어야 하는 질문이다. 두려움의 대상을 가까이서 대면하는 것만으로도 두려움을 어느 정도 극복할 수 있기 때문이다. "우리 적어도 가서 보기만 할까?"란 질문은 용기 있게 한 발 더 내디딜 수 있도록 우리를 조심스럽게 이끌어 준다.

· · ·
"시작은 해볼 수 있지 않을까요?"
때론 시도가 결과보다 더 중요하다

  학장으로서 나는 "우리 적어도 시작은 해볼 수 있지 않을까요?"라는 질문을 하고 후회해 본 적이 없다. 새로운 프로젝트든, 새로운 일이든 언제나 그랬다. 무언가를 하기로 하면 우리 앞에 생각지도 못했던 자원과 아이디어와 도움들이 쏟아졌다. 생활 속에서 확인하는 괴테의 명언에 늘 동의할 수밖에 없었다.

  좋은 예가 있다. 몇 년 전 교육대학원 신임 학장이었던 나는 동료와 함께 '학내 다양성$_{diversity}$ 약속 실천 운동'을 주제로 논의를 진행하기로 했다. 여기엔 두 가지 이유가 있었다.

  첫째, 13개 석사 과정 중에서 통합 과정$_{common\ course}$이 전무한 상황이었고 이는 명문대학교로서는 바람직하지 않다고 생각했다. 다른 학과 전공 학생들이 함께 모여 한 학문에 대해 토론하거나, 모든 학과에 적용되는 공통 질문을 하거나, 각각의 전공 지식을 통합할 기회조차 없었다. 새로 부임한 지 얼마 안 된 내가 이 보는 걸 단번에 바꿀 수는 없었으나 다만 이 주제를 캠퍼스의 공통 과제로 만들고 싶었다. 강연회와 토론회를 열고 학생들이 프로젝트를 기획하게 하고, 직원 워크숍을 진행한다면 이 다양성이라는 주제에 모두들 관심을 갖게 될 거라는 희망을 품었다.

두 번째로 교육의 세계가 – 마치 이 세상처럼 – 점점 다채로워지고 있는 만큼 모든 학생이 생산성 있는 연구를 하여 이 분야의 성공한 리더로 성장하기를 바라는 마음이었다. 다양성을 추구하면 기관과 조직이 더 강해지고 다양한 분과도 탄생할 수 있다. 나는 다양성이 분열의 원인이 아니라 힘의 원천이라는 사실을 주지시키는 것을 목표로 했다. 또한 우리 학생들이 쉽지 않은 인종, 정체성, 평등에 대한 논의를 일상적으로 하게 하고 싶었다. 이런 논의의 필요성은 알면서도 자꾸만 내일로 미루고 있기 때문이다.

특히 버지니아대학교 법대 학생으로 겪은 경험 때문에 이 주제에 관해 논의하고 싶었는지도 모른다. 좋은 친구이자 나의 영웅이기도 한 테드 스몰은 버지니아 법대에서 흑인 학생과 백인 학생이 점점 담을 쌓고 자기들끼리만 어울린다는 사실을 발견했다. 하버드 학부생들에게서도 비슷한 문제가 있었으나 버지니아대학교의 상황은 조금 더 심각했다. 그래서 그는 열 명으로 구성된, 다양한 인종이 혼합된 법대 학생 모임을 만들어 매달 만나서 저녁을 함께 먹고 인종 관련 주제에 대해 논의하자고 제안했다.

　우리는 그 모임을 '인종 문제 인식을 일깨우기 위한 학생 연합'Students United to Promote Racial Awareness, 줄여서 '수프라'SUPRA라고 이름 붙였다. 수프라는 라틴어 법률 용어이기도 한데, 그래서 이 모임은 그야말로 법대생들만의 언어유희가 될 수 있었다. 처음엔 이 모임이 어떻게 전개될지 전혀 예측할 수 없었다. 다만 그와 내가 동의한 건 시작이라도 하는 것이 중요하다는 사실이었다. 그는 '우리가 적어도' 열 명의 학생들만 모아 이 문제에 관해 이야기를 나누다 보면 흑인 학생과 백인 학생이 함께 토론할 수 있다는 걸 보여주는 동시에 서로 친해질 수 있는 기회도 얻지 않을까 생각했던 것이다.

　졸업할 때까지 우리는 수많은 저녁을 함께 했고, 수많은 대화를 나누며 허물없는 친구가 되었다. 난관도 많았고 도전도 있었지만 웃기고 유쾌한 추억도 쌓였다. 우리 모임으로 인해 법대생들 사이에서는 열두 개가 넘는 수프라 모임이 속속 생겨났다. 시작할 때 상상도 못했지만, 수프라는 나의 모든 활동 중에서 가장 큰 가시적 결과를 안겨 준 경험이었다. 지금까지도 그 모임을 가이드로 삼아 하버드에서의 다양성 운동을 펼쳐가고 있다.

교육대학원에서의 다양성 운동은 복합적인 결과를 낳았다. 긍정적인 결과라고 한다면 학생, 교수, 교직원 들에게 이 주제에 대한 관심을 불러일으켰다는 것이다. 한편으로는 1년 동안 우리가 학생들의 요구를 만족시킬 만큼 체계적이지 못했다는 사실도 깨달았다. 어떤 학생들은 이 운동이 어디로 가는지 모르겠다고 불평했고, 지속할 만한 시스템이 부족하다고 지적했다. 학교가 충분히 잘하고 있지 않다는 의견도 수긍이 갔다.

우리는 다음해에도 다양성 운동을 계속 이어갔다. 이번에는 보다 짜임새 있는 방식을 택했다. 더 많은 연사를 초대하고, 더 많은 공통 읽기 과제를 내주었으며, 인종·다양성·평등에 관한 강의를 커리큘럼에 열 개 넘게 추가했다. 결국 보다 다양한 인종의 교직원과 교수들을 선발하기 위해 두 배의 노력을 기울여야 한다는 의견이 나왔다. 교수들 사이에서 새로운 관심과 노력이 일어났고, 이들은 보다 많은 학생들을 포용하기 위해 자신의 강의를 철저히 준비했다. 박사 과정 중인 학생들의 재능과 전문성을 끌어내 세미나를 하고, 토론 그룹을 만들게 했으며, 교수들은 워크숍도 기획했다.

2년이 지나자 느슨하게 시작했던 다양성 운동이 점점 우리 학교 정체성의 일부가 되면서 여러 방향으로 퍼져나갔다. 강의 내용이 바뀌었고, 교수 고용 방식뿐 아니라 직원들의 업무 환경도 바뀌었다. 아직은 이 운동은 끝나지 않았고 앞으로도 할 일이 많다. 하지만 일단 시작하겠다고 결심한 이후부터 우리에게는 나아갈 힘이 생겼고, 그 힘은 우리 학교를 더 강하게 만들어 주었으며, 우리 학생들을 보다 다양하고 평등한 학교와 조직의 리더로 성장시킬 준비를 하게 되었다.

우리 교육대학원에서 추구한 모든 시도가 성공했다고 말하지는 않을 것이다. 게다가 절대 그럴 수도 없다. 비록 어떤 노력은 실패했고 우리를 실망시켰지만, 그 또한 우리에게 무언가를 가르쳐 주었다. 시작이 성공을 보장하지는 않는다. 하지만 시도하지도 않았다는 후회로 가득한 삶이 되게 하진 않는다는 것만은 보장한다. 그 이야기는 이 책의 마지막 장에서 나누도록 할 것이다.

・・・

한 것보다 하지 않은 것이 우리를 더 힘들게 한다

"우리가 적어도 …할 수 있지 않을까요?"라는 질문은 기본적으로 당신과 다른 사람들에게 무언가를 하자는 제안이다. 동의일 수도 있고 일의 시작일 수도 있다. 이 질문을 하지 않으면 시도를 덜 하게 된다. 잘 생각해 보라. 우리는 시도 자체를 하지 않았을 때 가장 큰 상실감과 후회를 느끼지 않을까? 나는 우리가 한 것보다 하지 않은 것이 우리를 공격하는 악몽이 된다고 믿는다.

죽음을 앞둔 환자를 돌보던 간호사 보니 웨어는 환자들이 인생에서 가장 후회한다고 말했던 것을 주제로 책을 펴냈다. 책을 보니 환자들이 죽기 전 가장 후회하는 것은 꿈을 좇지 않은 것이었다. 즉, 시도하지 않고 시작조차 안한 것이었다.

내가 이 후회를 경험한 것은 꿈이 아닌 어머니의 죽음 앞에서였다. 어머니는 2009년 8월에 낙상 사고로 엉덩이뼈가 부러졌다. 당시 71세로 그리 많은 연세는 이니었지만, 전부터 다양한 지병을 앓았고 육체는 이미 약해진 상태였다. 사고 후 5주 동안 어머니는 복합적인 증상에 시달렸다. 당시엔 어머니가 받아야 할 모든 치료를 받지 못하고 있다는 생각이 들었다. 하지만 여러 가지 이유로 나는 의사들에게 다른 치료를 해보라고 압박하지 않았고, 어머니를 다른 병원으로 옮기지도 않았으며, 다른 의사에게 어머니를 보여주지도 못했다. 사고가 난 지 5주 후에 어머니는 여러 차례 발작 증세를 일으킨 뒤 나와 여동생의 손을 잡고 병원에서 돌아가셨다.

내 주변의 모든 사람들이 의사와 내가 할 수 있는 것을 다 했다며 위로했다. 하지만 내 마음은 그렇지 않았다. 의사들을 비난하지는 않았지만, 그들에게 더 노력하고 시도하도록 밀어붙이지 못한 내가 원망스러웠다. 근본적으로 나는 이 질문을 하지 않은 것이다.

"우리가 적어도 다른 의견을 들어볼 수는 있지 않을까요?"

물론 그랬다 해도 결과는 똑같았을지 모른다. 하지만 어떤 것이 더 견디기 어려운 무게로 다가올지는 영영 알 수가 없다. 그것이 바로 시도하지 않았다는 점의 문제이다. 결과가 어찌 되었을지 우리는 절대로, 절대로 알지 못한다. 결과가 똑같았을 거라고 생각해도 큰 위로가 되지 못한다.

이 뼈아픈 경험을 통해 나는 시도가 결과보다 더 중요함을 다시 한 번 확신했다. 이제는 자신 있게 말할 수 있다. 우리가 손을 내밀 때마다, 잘못을 바로잡으려고 할 때마다, 일어나서 말할 때마다 우리 기분은 한결 나아진다. 이 세상과 나 자신에 대해 훨씬 더 나은 기분이 든다. 행동하면 실수를 저지를 수 있다. 말을 하면 틀릴 수 있다. 하지만 '용기 있게 나서서 실패하는 것이 겁쟁이 구경꾼이 되는 것보다 낫다'는 것을 프랭클린 루스벨트의 말을 빌려서 하고 싶다. 실패할 때 일어날 수 있는 최악의 일은 무엇일까? 여러분에게 재미있는 실패담이 생긴다는 것이다. 나는 아무런 시도도 하지 않은 것에 대한 재미난 얘기를 들어본 적이 없다.

의견 불일치 때문이든 두려움이나 무력감이나 나태 때문이든 외부적인 방해꾼이나 내부적인 방해 때문이든 어떤 이유로 우리가 정체되었을 때 "우리가 적어도 …할 수 있지 않을까요?"라는 질문을 던져보자. 정체가 깨지고 행동이 시작된다. 이것은 우리의 여행이 길고 불확실하다는 사실을 깨닫게 해주는 질문이다. 단 한 번의 논의로 문제가 해결되지는 않으며, 최선의 노력도 언제든 실패할 수 있다는 것을 깨닫게 해주는 질문이다. 그럼에도 불구하고 언젠가는, 어디에선가는 시작해야만 한다는 것을 다시금 일깨워 주는 질문이기도 하다. 나와 타인을 계속해서 출발선 앞으로 밀어 주는 질문이다. 앞서 이야기했듯이 모든 발전의 중심에 있는 질문이며, 바로 그 이유 때문에 – 피비와 우리의 완전한 가족이 주장하는 것처럼 – 살면서 반드시 물어야 할 근본적인 질문인 것이다.

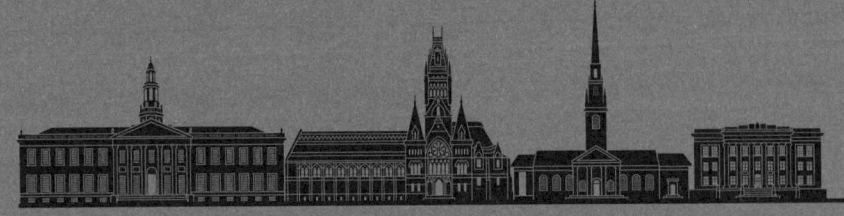

How Can I Help?

네 번째 질문

내가 어떻게 도울까요?

Life's Essential Questions
배려와 경청으로 좋은 관계를 만드는 질문

상대방 입장에서 생각하는 것이 모든 좋은 관계의 기본.
어떻게 도울까 묻는 것은
상대를 아끼고 존중한다는 메시지이다.

・・・
상대방 입장에서 무엇이 필요한지 겸손하게 묻는 것

세상의 많은 사람들이 타인을 돕는 데 관심이 있다는 것이 얼마나 다행한 일인가. 어떤 이들은 봉사나 희생을 업으로 삼거나 일생을 바쳐 다른 사람을 돕는다. 물론 모든 사람들이 희생이나 봉사에 끌리는 것은 아니다. 진화생물학자나 심리학자들은 인간의 본성은 이기적이며 타인을 도우려는 노력도 결국 자기만족을 느끼기 위한 수단이라고 말한다. 그 동기가 무엇이 되었건 간에 아주 많은 이들이 동료, 가족, 친구, 때로는 낯선 이들까지 돕는다는 사실에는 변함이 없다.

타인을 돕는 것은 존경할 만한 일이지만 여기에도 위험이 따른다. 이는 봉사심이 사실은 이기심의 발로일 수 있다는 사실과도 관련이 있다. 그 위험이란 바로 '구원자 증후군'savior complex이라는 덫에 빠지는 것이다. 말 그대로다. 꼭 자신이 나서서 구해 주어야 한다고 믿고, 자신이 그 방면의 전문가라고 믿는 태도나 입장이다. 이는 굉장히 한쪽으로 치우쳐진 발상이다. 봉사자는 자신이 모든 정답을 갖고 있고, 무엇을 해야 할지 잘 알고 있으며, 어려움에 처한 개인이나 단체는 자신과 같은 구원자가 나타나기를 기다린다고 믿는다.

진지하게 생각해 봐야 할 문제이기는 하지만, 구원자 증후군의 심각한 위험은 우리에게 가장 인간적인 본능, 즉 인간이 인간에게 손을 내미는 본능이 있다는 사실을 완전히 배제하는 것이다. 자신이 구원자라고 믿거나 구원자처럼 행동하는 태도를 버리고 순수하게 다른 사람을 도울 수 있어야 한다. 따라서 당신이 누군가를 돕는다는 사실만큼이나 어떻게 돕는지가 중요하며, 이것이 바로 다음과 같은 질문을 해야 하는 이유이다.

"내가 어떻게 도울까요?"

이 질문은 누군가를 돕기 전에 겸손하게 방향에 관해 묻는 것이기도 하다. 누구나 자기 삶의 전문가는 자신이다. 우리가 약간의 도움을 제공할 순 있겠지만 결국 자기 인생은 자기가 책임져야 한다는 사실을 알고 그들에게 기회를 주는 것이다.

최근 〈모스〉Moth에서 우리가 타인을 어떻게 돕는지가 매우 중요하다는 것을 강조하는 훌륭한 사연을 들었다. 라디오 프로그램이자 팟캐스트인 〈모스〉는 전 세계 사람들이 청중들 앞에서 자신에게 일어난 일들을 라이브로 이야기하는 스토리텔링 형식을 취한다. 실화이기 때문에 이야기들은 언제나 생생하고 경이롭다. 그중 최근에 들은 사연은 평생 동안 독립을 소중히 지켜 왔던 한 80대 여인의 이야기였다.

그녀는 자립심 강한 자신을 사랑했고, 80대가 되어서도 혼자서 잘 해내고 있다고 믿었다. 그러던 어느 날 뇌졸중으로 쓰러져 오랫동안 병원 신세를 져야 했다. 퇴원 후 집에 들어서는 순간 그녀는 깜짝 놀랐다. 뉴욕 아파트의 이웃들이 그녀가 보행 보조기로 생활할 수 있도록 아파트를 개조해 주었던 것이다. 그녀는 예의 바른 사람이었지만 그렇다고 이웃들과 친구처럼 친하게 지낸 것은 아니었다. 이웃들의 선의가 담긴 행동에서 그녀는 다른 사람에게 의지하는 것 또한 삶을 풍요롭게 할 수 있다는 사실을 깨달았다. 특히 서로가 도움을 주고받는다면 더욱 그럴 수 있겠다 싶었다.

그녀는 자신의 아파트 문에다 이웃들이 얘기를 나누고 싶을 땐 언제든지 들어오라는 메시지를 붙였다. 이후로 이웃들은 시시때때로 들러서 그녀와 대화를 나누었다. 더 감동적이었던 것은, 그들은 도움을 주고 싶을 때마다 자기들이 어떻게 도왔으면 좋겠냐고 물었다는 사실이다. 어떻게 도울지 물음으로써 그들은 그녀의 독립성과 자존심까지도 지켜 주었던 것이다.

· · ·

"우리가 어떻게 도와줄까요?"
내가 아닌 '그'가 원하는 것

어떻게 도울지 묻는 것은 상대를 존중한다는 정중한 표시인 동시에 – 너무도 당연하지만 – 보다 효과적으로 상대를 돕는 방법이기도 하다. 케이티는 내가 아는 어떤 사람들보다 이 질문을 잘하고 또 상대방의 대답을 신중하게 들어주는 사람이다. 많은 예가 있지만 그중에서 두 가지만 여기에 소개한다.

1996년 케이티와 함께 케냐의 나이로비에서 짐바브웨의 빅토리아 폴스까지 자전거로 여행한 적이 있다. 1,600킬로미터가 넘는 거리에, 완주하는 데 6주가 걸린 우리의 여행은 시작부터 마지막까지 놀라움과 반전의 연속이었다. 시간이 여의치 않아 급하게 투어 그룹을 짰는데, 같이 여행한 사이클리스트들은 대부분 영국인이었다. 그중 한 명, 앞으로 '넬슨'이라고 부를 이 사람은 60대 남성이었다. 그는 키가 크고 마른 체형에 피부는 상당히 창백했고 성격은 약간 독특했다. 넬슨은 평생을 영국 도서관 사서로 일했는데, 그래서인지 몰라도 내성적이고 자신만의 세계가 확고한 성격이었다.

빅토리아 폴스에 도착하자 우리는 성공적인 모험을 기념하기 위해 함께 저녁 식사를 하기로 했다. 넬슨을 부르러 그의 호텔 방에 갔을 때였다. 그가 방에서 나오면서 앞뒤가 안 맞는 말을 끊임없이 중얼거렸다. 말 그대로 횡설수설하고 있었다.

우리는 그가 길었던 여행의 완성을 자축하느라 혼자서 너무 많은 술을 마셨다고 생각하고는 그를 놔두고 우리끼리 저녁을 먹으러 갔다. 하지만 저녁 식사 내내 케이티는 넬슨이 뭔가 평소와 매우 달랐다며 걱정했다.

"내 눈엔 전혀 넬슨답지 않았어요. 뭔가 이상했다니까요."

저녁을 먹고 그의 호텔 방을 찾아갔다. 그가 문을 열고 나오자 케이티가 물었다.

"우리가 어떻게 도우면 될까요, 넬슨? 지금 뭔가 많이 불편해 보여요."

넬슨은 마치 빙고 게임을 하는 것처럼, 혹은 도서관 책들의 번호를 찾는 것처럼 맥락 없는 숫자와 글자들을 나열하다가 잠깐 정신이 돌아온 듯 중얼거림을 멈추더니 이렇게 말했다.

"나 약간 어딘가 삐끗한 것 같아요. 머리가 쿵쿵 울립니다."

케이티는 즉시 그를 가까운 병원으로 데리고 가 진찰을 받게 했다. 알고 보니 별것 아닌 일이 아니었다. 넬슨은 당장 치료받지 않으면 안 되는 치명적인 뇌 말라리아에 걸렸던 것이다. 의사는 케이티를 보며 넬슨을 제 시간에 데리고 와서 천만다행이라고 말했다. 넬슨은 헬리콥터를 타고 하라레에 있는 대형 병원으로 이송된 후 치료를 받았다. 케이티가 넬슨에게 어떻게 도와야 하는지 묻지 않았다면, 혹은 우리가 그의 문제를 섣불리 단정하고 그냥 지나쳤다면 그는 아마 호텔 방에서 세상을 떠났을지도 모른다.

이보다 덜 극적인 예지만, 최근 케이티와 동료들이 함께 해낸 일을 소개한다. 특수교육 변호사인 케이티는 하버드 로스쿨의 심리치료실에 근무한다. 그녀와 동료들, 그리고 법대 학생들은 주정부나 연방 정부법상 혜택이 돌아가지 않는 가난한 아동들의 권리를 위해 일하고 있다. 학교 관계자나 의사, 변호사들은 대부분 이런 상황에 처한 아이들에게 무엇이 필요한지를 단정적으로 말해 준다. 하지만 케이티와 동료들은 아이와 가족이 정말 원하는 것이 무엇인지 진심으로 이해하고 싶어 했다. 그래서 늘 이렇게 묻는다.

"우리가 어떻게 도와줄까요?"

케이티가 담당한 학생 중 한 명인, 앞으로 '로버트'라고 부를 이 청년은 18세 때 케이티를 찾아왔다. 로버트는 학교에 2년째 가지 못하고 있었다. 고등학교를 졸업하기 위해 필요한 수업 일수는 턱없이 부족했지만, 충분한 지적 능력을 갖추었고 아이큐가 상위 10퍼센트 이내였다.

로버트는 심각한 (하지만 진단받지 못한) 불안장애에 시달렸는데, 이로 인해 가끔은 정상적인 일상생활이 어려웠다. 어릴 적에도 학교에 자주 결석했고, 아버지가 뇌종양 진단을 받은 후에는 아예 학교를 그만두고 말았다. 어머니는 가계를 책임져야 했기 때문에 아버지를 돌보는 일은 오로지 로버트에게 맡겨졌다.

학교 관계자는 로버트가 의도적으로 무단결석을 했다고 판단해 학교를 다니기 싫어서 그만둔 것이라는 결론을 내렸다. 입학사정관들은 그를 도와주고 싶다며 그에게 학교를 아예 퇴학하고 GED(고

졸 학력 인증서)를 받으라고 말했다. 로버트 정도면 그 시험을 수월하게 통과할 수 있을 테니 시험 통과 후 커뮤니티 칼리지를 다니라고 조언했다. 이는 가장 적절하고 상식적인 해결책처럼 보였다.

하지만 케이티와 동료들은 이것이 로버트가 원하는 바가 아님을 그와의 대화를 통해 알게 되었다. GED를 통과하는 것은 그가 불안증을 다스리는 데 도움이 되지 않았다. 더구나 로버트에게는 더 큰 꿈이 있었다. 고등학교를 정상적으로 졸업하고 4년제 대학교를 가는 것이다. 쉽지 않는 도전이라는 것을 알았고 동급생보다 나이가 몇 살 많으리라는 사실도 알았다. 하지만 그의 결심은 확고했다.

케이티와 동료들은 이 학생을 변호하기로 했다. 학교 관계자들에게 로비트의 결석은 불안장애 때문이라는 것을 주장했다. 이후 로버트는 정신장애 학생들이 다니는 작은 공립고등학교를 다니게 되었고, 여기서 전과목 A학점을 받고 졸업했다. 케이티와 동료들이 "어떻게 도와줄까요?"라고 물었기 때문에, 또 로버트의 답변을 듣고 존중해 주었기 때문에 가능했던 일이다.

· · ·

"당신이 내 말을 들어주었잖아요."

케이티는 본능적으로 이 질문을 할 줄 알았지만, 나는 이 질문의 중요성을 어렵게 배워야만 했다. 내 의뢰인 중에 카메룬 출신의 방송 기자가 있었다(앞으로 그를 '패트릭'이라고 부르겠다). 당시 나는 뉴저지 뉴어크의 한 로펌에서 변호사로 일하고 있었다. 잊기도 힘든 안쓰러운 이름의 '크러미, 델 데오'라는 로펌이었다. 이곳은 공익 인권 변호를 지원하고 있었기 때문에 나 같은 공익 변호사들이 프로보노 pro bono (사회적 약자를 돕는 무료 법률 서비스)에 집중할 수 있었다. 어떤 사건이든 내가 가장 흥미로워하는 사건을 맡을 수 있는 좋은 기회였다. 특히 패트릭 사건은 나의 궁금증을 자극했다.

패트릭은 정치적 망명을 원하고 있었다. 그는 공영 텔레비전 방송국에서 카메룬의 선거 방송을 진행하다가 용감하고도 위험천만한 결단을 내렸다. 생방송 중에 정부가 주도한 선거 부정을 보도해버린 것이다. 방송을 마치고 사무실로 돌아가자 경찰이 그를 기다리고 있었다. 그들은 패트릭을 몇 달간 감옥에 가두고 잔인하게 고문했다. 목숨을 잃을 뻔한 적도 수차례였다. 천신만고 끝에 패트릭의 어머니가 교도관에게 뇌물을 주어 새벽에 간신히 감옥에서 탈출할 수 있었다. 이후 여러 대륙을 전전하다 가짜 여권으로 미국까지 오게 되었다. 세관 직원이 패트릭에게 여권에 대해 묻자 그는 가짜 여권이라고 순순히 인정했다. 그가 정치 망명을 원한다고 말하려 했지만 그 직전에 체포되었고, 미국 국경에서 붙잡힌 불법 이민자들을 수감하는 뉴어크의 유치장까지 오게 된 것이다.

패트릭의 케이스가 특별하다고 판단한 인권 단체가 그를 나에게 보냈다. 패트릭의 망명 허가를 얻기 위해서는 까다로운 법적 기준을 통과해야 했다. 또 그가 '체포당할 위험'이 있다는 것을 증명해야 했다. 패트릭에게 증명 자료들을 충분히 얻어야 망명의 정당성을 증명할 수 있었다. 위나에 정치 망명 사건은 빙하의 속도로 움직이기 때문에 상당히 오랜 기간이 소요된다. 진행 과정은 지지부진했고 패트릭은 점점 더 낙담하기 시작했다. 비록 느리긴 해도 진척이 있다고 생각했던 나와는 달리 패트릭에게는 끝이 보이지 않는 절망의 나날로 느껴지는 듯했다.

한 인터뷰에서 패트릭은 고개를 숙인 채 내 질문에 단답형으로만 대답했다. 나는 잠깐 인터뷰를 멈추고는 그에게 매우 우울해 보인다고 말했다. 그리고는 (그제야) 내가 도울 수 있는 방법이 뭐가 있겠냐고 물었다.

그가 말했다.

"한시라도 빨리 이곳에서 나가고 싶어요. 그렇게 먼 길을 돌아왔는데 다시 철창 신세가 되었다는 사실이 견딜 수 없이 괴롭습니다."

패트릭의 말은 내게 충격이었다. 그가 구금된 것은 당연히 그의 선택이 아니다. 하지만 나는 섣불리 그 상황을 망명권을 얻기 위해 치러야 하는 작은 대가 정도라고 과소평가했던 것이다.

나는 망명 절차에 대해 보다 면밀히 조사하기 시작했고, 망명 재판을 기다리는 사람들에게 보호해 줄 가족이 있으면 불구속으로 조사받을 수 있다는 사실을 알게 되었다. 케이티와 나는 그때 작은 아파트에서 갓난아기를 키우고 있던 터라 말 그대로 다른 사람의 몸이 들어올 공간이 없었다. 하지만 한 너그러운 동료와 가족이 자원하여 패트릭과 생활하겠다고 말했고, 나는 당분간 망명 신청은 미뤄 두고 오직 그를 감옥에서 나오게 하는 데만 집중했다.

몇 주 만에 패트릭의 석방 청원이 인정되어 호스트 패밀리와 함께 살 수 있었다. 그들과 몇 달 동안 머물면서 우리는 함께 재판을 준비했고, 마침내 자신의 이야기를 할 사람은 내가 아니라 패드릭이라는 사실을 깨달았다. 동료의 전문적인 지원을 통해 패트릭이 자신의 이야기를 주체적으로 할 수 있도록 준비했다.

  패트릭은 결국 망명이 허가되었고, 뉴저지에서 좋은 직업을 얻어 새 삶을 시작했다. 몇 년 후 패트릭은 나에게 결혼식 들러리가 되어달라고 부탁했다. 그의 결혼식을 생각하면 아직도 가슴이 뻐근하고 눈가에 눈물이 맺힌다. 왜 내게 들러리를 부탁했냐고 물으니 그가 이렇게 말했다.

  "왜냐면 당신은 이 땅에서 만난 나의 첫 친구니까요. 그리고 내 말을 들어주었잖아요."

• • •

상대가 자신의 문제에 주도권을 갖게 할 것

내가 어떻게 도와줄 수 있는지 묻는 것은 다른 사람들이 자신의 문제를 표현하고 마주하게 하는 가장 효과적인 방법이다. 쉽지는 않다. 아툴 가완디는 《어떻게 죽을 것인가》에서 말기암 환자들이 스스로 자신의 치료법을 결정하는 것이 얼마나 어려운지 설명한다. 자신의 죽음을 마주한다는 것은 극도로 두려운 일이고, 의사들은 현대의학 기술을 총동원해 환자를 살리고 싶어 하기 때문에 의사와 환자가 생의 마지막 순간에 대해 진솔한 대화를 나누는 것이 어렵다고 한다.

하지만 가완디가 지적했듯이 암 환자들과 가족들에게는 정직함과 애정을 갖고 그들에게 가장 나은 길을 제시해 줄 사람이 필요하다. 의사들이 환자들에게 어떻게 도와줄 수 있을지 물을 수 있다면, 각종 수술과 생명연장 치료를 제시하기 전에 오직 환자만이 대답할 수 있는 이 질문을 해야 한다.

- "당신은 무엇을 하고 싶은가요?"
- "인생의 마지막 몇 달이 될지도 모르는 나날을 어떻게 보내고 싶은가요?"
- "어떤 결정을 내리고 싶은가요?"
- "어떤 정보가 당신에게 유익하고, 이 대화에서 어떤 사람을 포함시키고 싶은가요?"

어떻게 도와줄까를 묻는 것은 죽음처럼 급박한 상황은 물론 평소에도 효과적일 수 있다. 어떻게 도와야 할지 묻는 것은 상대가 자신의 문제에 주도권을 갖도록 하는 것이다. 이는 친구, 가족, 동료들에게도 매우 유용한 질문이다. 특히 어린이나 청소년에게는 반드시 필요한 질문이다.

대학 졸업 후 로스쿨에 진학하기 전에 콜로라도 어린이 스키 캠프에서 일한 적이 있다. 스키 교사 훈련을 받지 않아서 교사 보조로 활동하다가 다른 지도자들이 휴가를 갔을 때만 초보자 코스 어린이들에게 강습을 했다. 직원들과 함께 일하면서 점심을 준비하고, 아이들이 스키 장비를 입고 벗는 것을 도와주고, 코도 닦아 주고, 장갑도 찾아 주고, 아이들과 부모들이 똑같이 느끼는 불안감을 달래주는 일을 했다. 핫 초콜릿도 수백 잔 만들었다. 대체로 유치원생이나 초등학생이었고, 몇 년 전 우리 아이들에게 스키를 가르칠 때와 마찬가지로 아이들은 대부분 겁에 질려 있었다. 스키 학교에서는 할 수 있는 한 아이들을 도우려고 한다. 대체로 그 도움의 방법이란 아이들에게 끊임없이 이렇게 해야 한다, 혹은 저렇게 해야 불안감이 사라진다고 하며 당부하고 지시하는 일이다.

대부분의 강습은 효과가 있었지만, 어떤 아이들은 우리의 말을 듣고는 더 불안해 하기도 했다. 완강했던 한 일곱 살 소년이 특히 기억에 남는다. 이 소년은 점심을 먹은 뒤 오후 스키 레슨을 받기 싫다고 고집을 부렸다. 나는 여러 제안을 했다. 부츠를 더 단단히 묶어 보자, 장갑을 꼭 끼자, 고글을 쓰자, 목도리를 두르자…. 말을 할 때마다 아이는 점점 더 거부 반응을 보였다. 마침내 얼굴이 빨개

져서 울기 직전까지 갔을 때 소년에게 물었다.

"그래, 이건 안 되겠다. 내가 널 어떻게 도와주면 좋겠니?"

놀랍게도 이 질문을 듣는 순간 아이가 멈칫했다. 아이는 주변을 둘러보더니 속삭이듯 말했다.

"아직 배가 고파요."

아이에게 PB&J 샌드위치를 하나 더 주고 다 먹을 때까지 기다렸다. 정말로 배가 고팠던 듯했다. 그와 동시에 아이에게 정신 건강을 위한 잠시의 휴식이 필요하다는 생각도 들었다. 나로서는 전혀 생각지 못한 해결책이었지만, 아이에게 주도권을 넘기자 아이는 무엇이 필요한지 스스로 알아내고, 무엇이 자신을 힘들게 하는지 정확히 표현한 것이다.

부모로서도 이 질문은 항상 효과 만점이었고, 고민이 있거나 행복하지 않은 학생들과 함께 일할 때도 마찬가지였다. 부모로서 (그리고 교사로서) 그들의 크고 작은 문제를 해결할 수 있도록 도와야 한다. 그런데 우리는 종종 해결책을 안다고 지레짐작해 버리고 자신의 생각을 일방적으로 전달한다. 그러니까 그 해결책은 처음부터 끝까지 우리 머리 안에서 만들어진 생각이다.

해결책을 제안하는 것이 때로는 아이들이 현재 느끼고 있는 불안과 아집을 부추기게 할 수도 있다. 스키 캠프의 소년처럼 말이다. 하지만 아이의 고민과 불만에 귀를 기울여 인내심 있게 듣고 난 뒤 어떻게 도울 수 있을지 물으면 대화의 패턴이 달라진다. 우리 아이들도 이런 경우에는 잠시 멈추곤 한다. 아이들은 내가 과연 자기를 도울 수 있을지, 그렇다면 어떻게 도울 수 있을지 찬찬히 생각한다. 대부분은 사실 내가 해줄 것이 별로 없다고 말한다. 하지만 그렇게 말하면서 아이 스스로 그 문제를 풀어 나가기 시작한다. 그들에게 정말 필요한 것은 단지 머리를 약간 환기시키는 것, 약간의 공감을 얻는 것 정도일지 모른다. 그리고 난 다음엔 스스로 문제 해결 방법을 생각해 낸다.

머리를 환기시켜 주는 것은 아이에게만 필요한 것이 아니다. 나의 사촌 트레이시는 매우 현명하고도 재미있는 사람인데, 언젠가 직장에서 진 빠지는 일을 겪은 뒤 돌아와 남자친구에게 그날 있었던 일을 말했다. 남자친구는 그녀의 말을 끝까지 듣지도 않은 채 조언을 하기 시작했다. 트레이시는 화가 났다.

"지금 내 문제를 해결해 달라는 게 아니잖아. 그냥 내 말을 들어주고 내가 직장에서 얼마나 시달리고 왔는지 이해해 줄 수는 없어?"

친구, 가족, 동료 들에게 어떻게 도와줄 수 있는지 묻는 건 구체적인 조언을 하거나 문제를 한 방에 해결해 주겠다는 것이 아니다. 그들이 말하는 문제가 진짜 문제인지 확인시키고, 도움이 필요하다면 당신이 얼마든지 도와줄 수 있다는 사실을 주지시켜 주는 것뿐이다. 그들에게 공감과 동정을 보여주는 것이며, 상대가 필요한 건 그뿐일 때도 있다. 어찌 보면 당신이 어떻게 도와줄 수 있는지 묻는 것 그 자체가 이미 그들을 도와주고 있는 것이다.

・・・

"왜냐하면 이건 사랑이니까요."

마지막으로 어떻게 도울 수 있겠는지 묻는다는 건 곧 대화를 시작하는 것이고, 동등한 입장에서 관계를 이어가는 방법이라는 사실을 말하고 싶다. 내가 지금 도움을 제안하고 있지만 상대 또한 나에게 똑같이 도움을 줄 수 있다는 가능성을 열어 놓는 것이다. 반드시 그래야 한다. 결국 당신의 상황을 내게 더 알려 달라고, 당신의 삶을 알면 내가 도움을 줄 수 있다고 말하는 것이다. 어떻게 도울 수 있는지 묻는 것은 서로 편안하게 주고받을 수 있는 진실한 관계를 불러오는 초대장이다.

  나는 켄터키 시골에서 몇 달 동안 자원봉사자로 일하며 이 교훈을 배웠다. 콜로라도 스키 캠프를 마친 뒤에는 로스쿨 입학 전에 가톨릭 자원봉사 단체에서 일했다. 처음에는 애팔래치아 산맥에 있는 농가를 가가호호 방문하며 돕는 일을 할 거라 생각했다. 애초에 그 자원봉사를 왜 하고 싶었는지 기억이 나진 않지만, 지금 생각해 보니 나에게도 약간의 구원자 증후군이 있었던 것 같다. 부끄럽지만, 인생 경험이 부족한 열아홉 살 청년이 애팔래치아 산중에 사는 가난한 사람들을 도와줄 수 있을 거란 치기 어린 생각을 했던 것이다.

  나에게 가정 방문 역할은 주어지시 않았고, 장애 아동이 사는 작은 복지관에서 봉사를 하게 되었다. 대부분은 선천적인 장애와 질병을 안고 있는 어린 아동들이었고, 십대까지 건강히 살아갈 수 있는 아이들은 많지 않아 보였다. 그중 명랑한 십대 다운증후군 소녀가 있었다(그 아이를 '신디'라고 부르겠다).

  장애우 복지관은 깔끔하고 밝고 아늑한 1층짜리 농가 주택이었다. 내가 들어가자마자 신디가 다가오더니 내 손을 붙잡았다. 그러고는 이렇게 말했다.

"짐 오빠는 예뻐요."

신디의 말에 무언가 웃기고 재치 있는 답을 해주려 시도했지만 번번이 시시하게 끝나 버렸다. 그런데 신디의 반응은 달랐다.

"짐은 정말 웃겨요."

이후로 매일 아침마다 신디는 내 손을 잡고 여러 가지 버전의 "짐은 너무 예쁘고요, 웃겨요."라는 말을 해주었다.

하루의 대부분은 목욕시키기, 옷 입히기, 밥 먹이기, 아이들과 놀아 주기 등의 기본적인 일들을 했다. 그곳에서 근무하는 몇 안 되는 직원들이 내가 배워야 할 것들을 틈틈이 가르쳐 주었다. 대부분은 그다지 어렵지 않았지만, 튜브로 식사해야 하는 아이의 튜브를 세척하는 일은 솔직히 두려웠다. 아이에게 해를 끼칠까 봐 겁부터 덜컥 났다. 신디는 불안해 하는 나를 보더니 자신이 직접 시범을 보여주었다.

'정말 이렇게 해도 되는 거야?'

동료에게 눈짓으로 물어보니 동료는 웃으며 고개를 끄덕였다. 신디는 능숙하게 튜브를 세척하고는 이렇게 말했다.

"이거 어렵지 않아요, 매우 쉬워요."

나는 신디가 어른들 못지않게 아동들을 돕는 법을 안다는 것을 깨달았다. 신디는 아이들이 좋아하는 음식을 알았고, 아이들이 목욕할 때 어떻게 휠체어에서 나오고 싶어 하는지, 어떻게 옷을 갈아입길 원하는지, 어떻게 머리 빗길 원하는지, 어떤 노래를 듣길 원하는지 전부 알고 있었다. 신디는 내 선생님이자 가이드였다. 아이들이 말을 하지 못했기 때문에 나는 아이들에게 어떻게 도와야 하냐고 묻지 못했다. 하지만 신디에게는 물을 수 있었다. 아니면 신디 하는 대로만 따라 하면 되었다.

장애우의 집에 있던 한 소녀도 내 마음을 사로잡았다(그 아이를 '수지'라 부르겠다). 채 두 살이 되지 않은 수지는 아름다운 푸른색 눈동자와 보조개, 바스락거리는 금발 머리를 가졌고, 항상 웃고 있었다. 하지만 척수 손상을 입어 똑바로 앉을 수가 없었고 청각 장애라 말이 없었다. 수지의 얼굴을 보는 순간 아이가 내 얼굴을 집중해서 쳐다본다는 것을 느꼈다. 아이가 내 시선을 붙잡으려 한다는 것을 알았지만 어떻게 해야 수지를 즐겁고 편안하게 해줄 수 있을지 도무지 알 수 없었다.

어느 날 아침 수지의 침대 옆에 멀뚱히 서 있는데 신디가 다가오더니 내 손을 이끌어 수지의 손을 잡게 했다. 수지는 방긋 웃으며 내 손을 잡아 끌더니 자신의 볼을 쓰다듬었다.

"수지는 이걸 좋아해요."

신디 또한 웃으며 말했다.

당시의 경험들을 회상할 때, 내가 도와준 것보다 배운 것이 많았다고 말하는 것조차 턱없이 부족하고 부끄럽다는 것을 느낀다. 켄터키에서 신디 같은 '장애' 아동들을 절대 약하기만 한 존재로 보아선 안 된다는 것을 깨달았다. 생각해 보면 내가 돌보는 아이들에 대해 나 혼자 배운 것보다 신디에게 배운 것이 훨씬 많았다. 신디는 나의 선생이자 친구였다. 그곳의 아이와 직원들을 통해 비록 현실은 '비극'일지라도 그 옆에는 언제나 작은 '기쁨'의 조각들이 존재한다는 것을 배웠다. 장애우의 집에 사는 아이들의 사연은 분명 슬픔이 가득했지만 그곳은 애처로운 장소가 아니었다. 사랑과 보살핌으로 가득한 곳이었다.

무엇보다도 그곳에서 배운 건 수용과 겸손일지도 모른다. 나는 아이들과 놀아 줄 수 있었고, 먹여 줄 수 있었고, 돌봐 줄 수 있었다. 하지만 그 이상은 할 수 없었다. 내가 그들 삶의 궤적을 바꿀 수는 없었다. 그곳의 어느 누구도 그렇게 할 수는 없었다. 그래서 나는 신디를 따라 그날 하루에만 집중했다. 그 순간엔 그 아이에만 집중했다. 약간의 편안함, 할 수만 있다면 약간의 기쁨만 나누어 주려고 했다.

그것은 배우기 힘든 교훈인 동시에 진정으로 해방되는 경험이기도 했다. 이 경험은 나의 어딘가에 계속 남아 있었다. 세월이 흐르고 케이티와 결혼했을 때, 나는 친구 로저에게 결혼식 때 로버트 프로스트의 〈봄의 기도〉를 읽어 달라고 했다. 로저는 켄터키에서 나와 봉사활동을 한 친구였고, 나는 그곳에서 이 시를 처음 만났다. 신디와 그곳의 아이들이 나에게 무엇을 가르쳐 주었는지 말해 주는 시이다.

> 오, 오늘은 꽃 속에 담긴 환희만을 주세요.
> 너무 먼 곳에 있는 것을 생각하지 않게 해주세요.
> 불확실한 추수를 생각 말고 우리를 지금 여기 있게 해주세요.
> 그저 올해의 이 따사로운 봄 안에 머물게 해주세요.

시인은 독자가 자신을 둘러싼 과수원, 벌, 새를 즐기게 한 뒤 이렇게 끝을 맺는다.

> 왜냐하면 이건 사랑이니까요. 다른 어떤 것도 아니니까요.

저 위에 계신 하나님을 위해 예약된 것.

세상이 끝날 때 우리를 신성하게 해줄 것.

우리가 채워야 할 유일한 필요는 오직 이 사랑뿐이니까요.

이 모든 것이 궁극적으로 무엇을 의미하는지 어느 누가 알까? 지금 우리에게 맡겨진 중대한 임무는 순식간에 사라져 버리는 주변의 아름다움을 알아채고 감상하는 것이다. 우리가 다른 사람을 도우려고 하고, 도움을 받고자 마음을 열었을 때 비로소 프로스트의 시 구절 "왜냐하면 이건 사랑이니까요. 다른 어떤 것도 아니까요."의 뜻을 음미하게 될 것이다.

이 모든 이유 때문에 "내가 어떻게 도울까요?"는 우리 삶에 있어 필수적인 질문이다. 모든 훌륭한 관계의 밑바닥에 깔려 있어야 할 질문이다. 당신이 상대를 아낀다는 사실을 알려 주는 질문이며 당신이 도와줄 의도가 넘친다는 것을 알리는 신호이다. 당신이 그들을 존중한다는 것을, 당신이 겸허한 입장임을 전하고, 당신 또한 언젠가 도움을 받게 되리라는 것을 알리는 신호이다.

상대방의 의견을 묻고 경청하는 행동은
잘했다는 칭찬보다 더 큰 영향을 미친다.

—샘 월튼 Sam Walton (월마트 창업자)

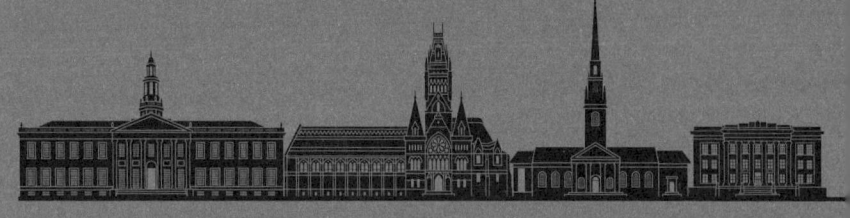

What Truly Matters?

다섯 번째 질문

무엇이 가장 중요한가?

Life's Essential Questions
내가 원하는 삶의 핵심으로 나를 이끄는 질문

"나는 왜 이 일을 하는가? 이것이 내가 진정 원하는 삶인가?"
핵심에 집중할 것!
나를 수시로 점검해야 길을 잃지 않는다.

· · ·
"뭣이 중헌디?"
옆길로 새지 말고 핵심에 집중할 것!

다섯 번째이자 마지막으로 우리가 반드시 물어야 할 질문은 "무엇이 가장 중요한가?"이다. 이것은 직장에서 효율적인 회의를 위해서뿐 아니라 인생의 가장 큰 결정을 내릴 때도 필요한 질문이다. 직장이나 학교에서 문제의 핵심이 무엇인지 파악하게 하고, 우리의 신념, 믿음, 인생의 목표에서 가장 중심에 무엇이 있는지 돌아보게 해준다. 진짜 중요한 것과 사소한 것들을 구분하게 해주고, 중요한 가치를 추구할 때 자잘한 문제들을 어떻게 판단하고 처리해야 하는지도 알려 준다.

돌아보니 우리 둘째 아들 샘이 태어난 날 아침에 이 질문을 했어야 한다는 생각이 든다. 이렇게 하지 말아야 한다는 교훈이 담긴 이야기지만 해피엔딩이니 안심하고 끝까지 들어주길 바란다. 그리고 이 책에서 등장하는 마지막 출산 스토리라는 것을 알려 주고 싶다.

케이티가 샘을 임신했을 때 둘째라 아이가 빨리 나올 거라는 말을 여러 번 들었다. 분만 시간이 짧을 거라는 뜻이다. 사실 첫째아들 윌을 출산할 때 너무 오랜 시간 산고의 고통을 겪었던 터라 케이티에게는 반가운 소식이었다.

케이티는 1998년 11월 29일 새벽 4시에 진통을 느끼며 깨어났다. 마침 그날 케이티의 대학 동창이자 산부인과 의사인 친구가 우리 집에 머물고 있었다. 못 말릴 정도로 책임감이 강한 케이티는 먼저 개와 고양이들과 말 두 마리의 먹이를 살뜰히 챙긴 뒤 오랫동안 샤워도 했다.

우리가 차에 탔을 땐 이미 케이티의 자궁 수축 빈도가 잦아지고 진통 간격도 짧아졌다. 최대한 속도를 내어 병원으로 달려가느라 사슴까지 칠 뻔했다. 도착 즈음 케이티는 진통이 길어지고 거의 분만에 가까워진 상태였다. 설명할 수 없는 여러 가지 이유로, 아니 솔직히 말하면 정신머리를 똑바로 차리지 못했기 때문에 나는 응급실 앞에 차를 세우지 않고 입구를 지나쳐 외부 방문자 주차장으로 향했다. 그런데 너무 이른 시간이어서 주차장 차단기는 올라가 있었고 관리자는 보이지 않았다. 나는 생각했다.

'여기다가 세우면 우리의 정확한 입차 시간을 모르니 나중에 주차비가 무시무시하게 나올 거야.'

그래, 나도 안다. 이는 최고로 멍청이 같은 행동이었다.

응급실 주차장에서 나와 다른 주차장으로 갔는데 이곳 역시 차단기가 열려 있었다. 그때 주차비 생각은 접었어야 했다. 케이티는 소리를 질렀다.

"나 지금 당장 아기 낳을 것 같아!"

나는 조금만 참으라고, 그건 좋은 생각이 아닌 것 같다고 설명하려 했다. 아차 싶었다. 이것저것 잴 상황이 아니었다. 서둘러 주차를 하고 차에서 내려 아내를 부축했다.

"아악! 더는 못 참겠어!"

케이티는 아기가 당장 나올 것 같다고 부르짖으며 도저히 걸을 수 없다고 했다. 갑자기 아이디어가 떠올랐다. 우리의 스바루 스테이션 웨건의 해치(뒷문)를 열어 아내를 뒷좌석에 눕힌 다음 해치를 연 채로 천천히 응급실로 가면 될 거라 생각했다. 거리는 400미터 정도밖에 되지 않지만 그 순간은 영원처럼 느껴졌다.

나는 2층 주차장에 주차를 한 뒤 케이티를 반은 부축하고 반은 안은 상태로 계단을 내려왔다. 겨우겨우 지상까지 갔을 때 케이티는 당장 눕지 않으면 안 될 것 같다고 말했다. 응급실 앞 찻길 맞은편의 길바닥에서 말이다.

"저기요, 누구 없나요? 우리 좀 도와주세요!"

나는 고개를 들어 도와 달라고 고래고래 소리를 지르기 시작했다. 마침 병원에서 나의 외침을 듣고 몇 사람이 달려나와 우리를 병원 안으로 데려갔다. 케이티는 불편한 자세로 휠체어에 앉았다.

케이티는 샘이 지금 당장 튀어나오지 않게 하기 위해 죽을힘을 다하고 있었다.

"그래도 이번에 아기가 안에 갇히진 않나 보네."

나는 케이티를 안심시키려고 농담을 했으나 전혀 효과가 없었다.

응급실에 들어가자 사무직원이 웃으며 반기더니 '환자분류실'로 가야 한다고 알려 주었다.

"분만실로 가기 전 가진통인지 진진통인지 확인하는 곳이에요."

나는 엄청 강력하게 케이티가 가진통이 아니라고 주장했다.

"이게 가진통으로 보이세요? 진짜 고통스럽지 않다면 이 신음 소리가 나올 리 없다구요!"

직원은 친절하지만 조금은 위협적인 목소리로 반복해서 말했다.

"원칙적으로 응급실 환자는 무조건 환자분류실부터 가야 해요."

마치 〈뻐꾸기 둥지 위로 날아간 새〉에 나오는, 정신병원의 최고 권력자인 랫체드 수간호사를 연상케 했다.

"알겠습니다."

랫체드 간호사와 맞대결하면 결과가 그리 좋지 않겠다는 것을 눈치챘다. 나는 순순히 환자분류실로 가겠다고 말했다. 그것도 되도록 빨리.

그때 당직 중이던 레지던트를 만났다. 그는 지금 이 상황이 전혀 다급하지 않은 듯 여유 있는 표정으로 우리를 맞이했다. 고통스러운 산모의 신음에도 아랑곳하지 않고 그는 한가하게도 나에게 웃으며 인사를 건넸다. 그러고는 케이티를 검사하더니 깜짝 놀란 표정으로 이렇게 말했다.

"우와, 아기 머리가 보여요! 신기하다!"

그는 케이티가 아기를 정말 낳으려고 하는 이 상황에 우리가 얼마나 감격하는지 살피듯 케이티와 내 얼굴을 번갈아 쳐다보았다. 그리고 천천히 말했다.

"아무래도 분만실로 옮겨야 할 것 같네요."

몇 분 후 우리는 분만실에, 레지던트와 그보다 훨씬 경험이 풍부해 보이는 간호사와 함께 있었다. 케이티는 분만 준비가 진짜, 완전히, 끝까지 되어 있었다. 하지만 그 레지던트는 전혀 준비가 되어 있지 않았다. 그는 간호사를 쓱 보더니 분만에 필요한 준비물 목록을 나열하기 시작했다.

"일단 보안경이 필요하겠네요."

그는 자신을 한심하게 바라보는 간호사에게 또 말했다.

"부티도 필요한 거 맞죠?"

부티란 신발을 덮을 파란색이나 초록색 천을 말한다.

"물도 한 병 필요하겠네요. 중간에 마셔야 하니까."

이 시점에서 간호사는 눈썹을 올리며 나를 쳐다보았고, 나는 그 표정의 뜻을 이해하고 최대한 부드럽게 말했다.

"선생님, 우리가 조금 더 집중해야 할 것 같은데요. 제 아내는 지금 터질 지경이거든요."

다행히 간호사가 상황의 중대성을 파악하고는 레지던트에게 전문의가 바로 옆방에 있다고 말해 주었다.

"그런가요? 그럼 우리가 잠깐 그 선생님을 불러서 의견을 들어볼까요?"

잠시 후 전문의가 옆방에서 건너왔다. 그는 케이티를 2분 정도 진찰하고는 이렇게 말했다.

"자, 아이 안을 준비 되셨죠?"

"그러면 아주 좋겠네요!"

케이티가 조금 거칠게 말했다. 그로부터 5분 후에 샘이 세상에 나왔다.

이 상황에 관계된 모든 사람들이 각 단계마다 어떤 실수를 했는지 되짚어 볼 수 있다. 그중의 몇 가지는 다음과 같은 질문을 했다면 피할 수 있었을 것이다.

"무엇이 가장 중요한가?"

케이티와 샘에게 가장 중요했던 것은 딱 하나, 건강한 출산이었다. 하지만 모든 사람들이 다른 곳에 정신이 팔려서 정작 가장 중요한 것은 보지 않고 귀한 시간만 낭비했다. 말에게 밥을 주고 샤워를 하는 건 빼먹지 않아야 하는 중요한 일이다. 하지만 이제 막 아기를 낳으려 하는 사람에게는 부차적인 일이다. 주차비 아끼기? 평소라면 당연히 존중해 줄 만한 행동이다. 특히 절약 정신은 우리 아버지가 평생 동안 지켜온 신조이기도 했다. 하지만 아내의 출산이 임박

했을 때는 그것이 1순위 목표가 되어선 안 된다. 행정 절차 또한 새 생명의 탄생과 비교해서는 중요하다 할 수 없다. 아기를 받기 전에 신발 덮을 천을 확인하는 것은 이론상으로는 물론 타당하지만 촌각을 다툴 때는 아예 무시할 수도 있는 일이다.

샘을 위험하게 할 뻔했던 우리의 잘못된 행동이 말해 주는 교훈은, 진정 중요한 것이 무엇인지 우리가 너무 쉽게 잊어버린다는 것이다. 우리는 루틴(판에 박힌 관례나 행동)에 빠져서 정작 중요한 것에는 관심을 주지 않을 때가 많다. 자신감이 없어서일 수도 있고, 어려운 도전을 상대하는 것보다 불필요한 디테일에 집중하는 것이 솔직히 더 쉽기 때문일 수도 있다. 어쩌면 압박과 스트레스가 생활화되다 보니 집중하는 것 자체가 쉽지 않을지도 모른다.

하지만 그런 상황에서 꼭 이렇게 물어야 한다.

"무엇이 가장 중요한가?"

이 질문은 불필요한 루틴을 생략하고 어려운 일을 마주보는 용기를 갖게 해준다. 또한 무엇이 가장 중요한지 차분히 파악하게 해준다. 다행히 샘이 무사히 세상에 나왔고 우리 가족에게 우스운 추억거리가 하나 더 추가되었다. 샘이 태어난 당시를 떠올릴 때마다 나는 이런 말로 애써 나의 바보천치 같은 짓을 웃어넘긴다.

"내가 그 와중에 주차비를 아끼려고 한 건 시트콤처럼 웃기지 않아? 맞지? 웃기지?"

주차비가 뭐라고 그런 행동을 했는지 솔직히 창피하다.

스스로에게, 그리고 다른 사람에게 무엇이 정말로 중요한지 종종 물어보자. 직장에서나 학교에서나 이 질문은 매우 유용하다. 산만해지지 않도록, 옆길로 새지 않도록, 상관없는 디테일에 주목하지 않도록 해주며, 오직 완성해야 할 실체적이고 중요한 업무에만 집중하게 해준다. 전문의를 불러 보자고 제안한 간호사나 몇 분 안에 상황을 직시했던 의사 모두 그들 버전의 "무엇이 가장 중요한가?"라는 질문을 했을 것이다.

. . .

내 삶에서 가장 중요한 것이 무엇인가?

나의 상사였던 렌퀴스트 연방 대법원장은 중요한 일에만 집중할 줄 아는 사람이었다. 첫 번째 질문에서 언급했던 대로 나는 로스쿨을 졸업한 뒤 1년 동안 렌퀴스트의 재판연구원으로 일했다. 나와 동료 재판연구원 두 명의 임무는 대법원장의 구두 변론을 준비하는 것이었다(우리는 그를 '치프'라고 불렀다).

먼저 우리는 양측 변호인들이 제출한 변론 취지서를 읽고 아미쿠스 쿠리아이amicus curiae, 즉 '법정의 친구들'이 준비한 또 다른 의견서를 읽었다. 법정의 친구들이란 소송 당사자는 아니지만 이해관계를 가진 제삼자가 소송에 대한 입장과 의견을 제시하는 절차이다. 각각의 사건 전에 수백 장의 관련 자료들을 읽어야 했고, 재판연구원과 판사들은 한 시간가량의 구두 변론을 위해 이 모든 자료를 훑어보아야 했다.

다른 대법관들은 재판연구원들에게 '벤치 메모'라고 통용되던 자료를 준비하라고 했다. 이는 사실관계와 사건 절차를 기술하고 다양한 취지서들의 주장을 요약한 자료이다. 보통 이 메모는 사건의 본안 소송 분석과 함께 필요한 질의 사항을 정리하며 마무리된다. 우리가 그것을 '벤치 메모'라고 부른 이유는 판사들이 구두 변론을 할 때 앉는 '벤치'에 이 메모를 가져가기 때문이다. 상상이 되겠지만, 이 메모들 또한 상당히 길고 이해하는 데도 많은 시간과 노력이 요구된다.

치프는 우리에게 벤치 메모를 쓰라고 하지는 않았다. 이는 그의 밑에서 재판연구원 생활을 하는 사람들이 느끼는 특별하고도 훌륭한 점 중의 하나였다. 대신 그는 사건 조사를 맡은 재판연구원과 함께 법원 주변을 천천히 걸으며 구두 변론을 준비했다. 재판연구원들이 이런 접근 방식에 긴장했던 이유는 시간을 정해 놓지 않았기 때문이다(나 같은 경우 미국 연방 대법원장 앞에서 언제든지 어리바리한 바보로 보일 가능성이 상당히 높았다). 치프와 그 사건에 관해 대화를 나누려면 마감날까지는 모든 준비가 되어 있어야 했다. 하지만 정확히 언제 대화를 나누게 될지 몰랐고, 때론 날짜가 지난 후에 난데없이 산책을 가자는 전화가 오기도 했다.

우리는 국회의사당의 돔 지붕 바로 뒤에 있는 크고 화려한 대법원 건물 안의 산책로를 걷고 또 걸었다. 걷다 보면 치프를 포함해 대부분의 대법관들이 사람들 사이에서는 익명의 존재라는 사실을 확인하기도 한다. 딱 한 번 어떤 사람이 그를 알아보았는데, 〈뉴욕 타임스〉의 대법원 출입 기자 린다 그린하우스였다. 산책로를 걸을 때마다 우리는 매번 대법원을 방문한 관광객들 사이를 지나쳤다. 그들은 절대 치프를 알아볼 리가 없었다. 한번은 우리가 소란스러운 중학생들 사이를 헤치고 지나갈 때 치프가 인솔 교사에게 학생들이 길을 막지 않았으면 좋겠다고 말한 적이 있다.

'이 할배야, 잔소리 말고 갈 길이나 가셔!'

교사는 이렇게 말하는 것이 역력한 표정을 지어 보였다.

나는 웃으며 생각했다.

'몰라서 다행이군!'

보통 20분 정도 이어지는 산책에서 우리는 함께 사건을 논의하고 다가올 구두 변론을 계획했다. 치프는 가장 먼저 이 사건의 본안 소송에 대한 우리의 관점을 물었고, 그 다음부터 질문을 하기 시작했다. 사건의 핵심만을 파고드는 질문이었다. 결과와 직접적인 상관이 없는 절차상의 디테일이라든가 그 결과에 영향을 미치지 않을 사건의 다른 측면에 대해 일일이 보고하느라 낭비할 시간이 없었기 때문이기도 했다. 껍데기가 아니라 알맹이만 남았고, 곁가지는 사라지고 본체만 있었다. 치프와 항상 의견이 일치한 건 아니다. 세상을 보는 관점이 서로 다를 수 있으니까. 사실 그는 나에게 이런 식의 질문을 많이 했던 것으로 기억한다.

"잠깐만, 뭐라고? 자네는 정말 그렇게 믿는가? 혹시 지금 농담하는 건가?"

하지만 그의 질문이 언제나 물어야 할 정확한 질문인 건 확실했다. 스티븐스 대법관이 구두 변론에서 물어본 질문과도 매우 비슷한 종류였다.

치프는 핵심 질문과 문제에 접근할 수 있는 정보만 알아보는 능력이 남달랐다. 성공한 변호사가 되고 대법원장으로 선출된 것은 그저 운이 좋아서가 아니었다. 그는 샘이 태어날 때 우리가 만난 어설픈 의대 레지던트와는 달리 경험이 풍부했다. 내가 그의 밑에서 재판연구원 생활을 할 때 그는 이미 법원에서 20년 넘게 일했으니 이런 기술을 연마할 수많은 기회를 가졌을 것이다. 재능과 경험으로 무장한 그는 사건만 들어도 무엇이 가장 중요한지를 빠르게 판단할 수 있었다.

하지만 정말 남달랐던 건 그의 태도와 사고방식이었다. 치프는 자신의 인생 또한 사건을 대하듯 접근했다. 자신의 삶에서 무엇이 가장 중요한지를 항상 먼저 생각했다. 그는 시간 낭비를 좋아하지 않았다. 오바마 정부 시절 재무부 장관이었던 팀 게이트너가 펴낸 책을 읽으면서 한 구절을 보자마자 치프가 떠올랐다. 당연하지만 게이트너 장관은 수많은 회의에 참석해야 했는데 그중에는 정말 중요하고 의미 있는 회의도 있었지만 그저 보여주기식 회의도 많았다. 그는 다른 사람들이 주최한 회의에 들어가기 전에 항상 이렇게 질문했다.

"이게 진짜 회의일까, 아니면 페이크 회의일까?"

게이트너 장관은 이후에 자신이 너무 인내심이 없었다고 자책했지만, 나는 이 질문이 웃기면서도 사실은 온당한 질문이라고 생각한다. 그에게 중요한 것은 일을 해내는 것이지 보여주는 것이 아니었다. 치프도 같은 사고방식을 갖고 있었다.

치프는 시간 낭비를 극도로 싫어했는데, 그도 그럴 것이 그에겐 다양한 취미가 있었고 관심사도 수없이 많았다. 역사, 지리, 길버트 앤 설리반 오페라, 수영, 기상학, 대학 풋볼에 관심이 많았고, 테니스와 그림과 글쓰기가 취미였다. 세상에서 가장 바쁘고 중요한 직책을 맡고 있던 그였지만, 그 와중에도 자신의 취미를 즐길 시간은 어떻게든 만들어 냈고 가족에게도 매우 헌신적이었다. 그는 자신의 공적인 임무를 인생의 단면 가운데 하나로 보았다. 무엇보다 핵심적이고 중요한 일이었지만 그것이 유일한 건 아니라는 것이다. 그는 일평생 하고 싶은 것이 너무나 많은 사람이었고, 그래서 조금이라도 시간을 낭비할 수 없었다.

2008년 버지니아대학교에서 랜디 포시의 강연에 참석할 때도 나는 치프가 삶에 접근하는 방식을 떠올렸다. 포시 교수는 카네기 멜론대학교의 컴퓨터공학 교수로, 2007년 췌장암 말기 선고를 받았다. 암 진단을 받자마자 카네기 멜론대학교에서 '마지막 강의:당신의 어릴 적 꿈을 성취하라'라는 제목으로 강의를 했고, 그 강의를 바탕으로 한 베스트셀러를 집필하기도 했다.

나는 죽음을 앞둔 사람에게서 듣는 강의는 삶의 의미에 대한 철학적인 내용일 거라 생각했다. 놀랍게도 그는 시간 절약법을 극단적일 정도로 실제적이고 상세하게 설명했다. 포시 교수는 일을 가능한 효율적으로 마쳐야 일만큼 중요한 일 밖의 생활들을 하고 싶은 대로 할 수 있다고 강조했다. 또 가족과 친구와의 시간을 갖고 취미생활, 자신의 다른 열정을 좇는 일들을 할 시간을 만들라고 했다.

강의에서 그는 인생에서 어떤 일이 가장 중요한지 말하지 않았고, 어디에 가치를 두어야 하는지 설교하지 않았다. 정말 중요한 것이 무엇인가라는 질문에 다가가기 위해 항상 주의를 기울이라고 제안했을 뿐이다. 계속해서 이 질문을 던져야 질문의 대답과 일치하는 삶을 살 수 있는 방안이 나온다고 했다. 시간이 지나면서 그의 조언에 숨겨진 가치를 알아차렸다. 또한 치프가 내 삶의 모범이 되었음을 다시금 깨달았다.

내 인생을 가치 있게 해주는 딱 한 가지

무엇이 가장 중요한지 묻거나 그 대답에서 무언가를 얻어내기 위해 연방 대법원장이 될 필요는 없다. 우리 아버지는 대법원장은 아니었지만 당신 인생에서 가장 중요한 것이 무엇인지 명확히 아는 분이었다. 아버지가 평생 동안 한 일의 대부분은 결국 하나로 수렴된다. 그것은 '가족'이었다. 그는 가족을 부양하기 위해 직업을 택하고 열심히 일했다. 그가 좋아하는 일은 아니었다(언젠가 아버지에게 내가 사랑하는 일을 직업으로 삼고 싶다고 말하니 나의 순진한 생각에 고개를 흔들며 이렇게 말하던 것이 기억난다. "일을 일이라고 부르는 이유가 있단다."). 일하지 않을 때는 집 안팎을 돌보고 수선했다. 여동생과 나의 학교 행사에 참석하고, 내가 유독 소질을 보이지 못하던 집안 관리 기술을 가르쳐 주었다(전기선 연결 같은 것인데 내가 계속 감전되자 포기했다).

아버지는 뒷마당에서 나와 야구를 하느라 수백 시간을 보냈다. 봄이나 여름이면 몇 시간 동안 내 공을 치고 또 쳐주면서 야구뿐만 아니라 인생의 조언도 해주었다. 한번은 이런 조언도 했다. 내가 라인 드라이브를 잘못 판단하여 공에 맞아 이가 빠졌을 때였다.

"그래, 그 이빨 주고 다시 가서 던져라."

아버지는 나중에 그 이빨은 유치였다고 (놀란 어머니에게) 말해 주었다.

강인했던 아버지는 나이가 들면서 점점 감상적인 사람이 되어 갔다. 졸업식이나 결혼식 같은 행사에서 자신의 감정을 솔직히 드러내기도 했다. 나의 대학 졸업식에서는 눈물이 그렁그렁한 채로 그래도 당신이 뒷마당에서 야구에 대해 한두 가지는 가르쳐 주지 않았냐고 말했다. 반쯤은 농담이었지만, 자신이 비록 대학에 다니지는 못했지만 그래도 자기가 할 수 있는 한 나에게 무언가를 가르쳐 주고 싶었음을 표현하는 아버지만의 방법이었던 것이다.

이 야구 이야기는 우리 사이에서만 통하는 오랜 농담이 되었다. 아버지는 내가 로스쿨을 졸업할 때, 새로운 일을 시작할 때, 무언가를 성취할 때마다 야구 이야기를 했다. 1997년 아버지가 돌아가시기 1년 전에 나는 버지니아대학의 교수로 초빙되었다. 케이티와 나는 이제 막 첫째아들 윌을 낳아 기르고 있었다. 부모님께 버지니아대학에서 교수 제안이 왔다는 전화를 했더니 아버지는 언제나 그랬듯이 자신이 뒷마당에서 야구하면서 인생을 가르쳐 주어서 지금의 내가 있다는 농담을 건넸다. 그때 아들 윌의 얼굴이 스쳐 지나갔다. 평소처럼 아버지의 말을 웃어넘기지 않고 진지하게 말했다. 그것이 마지막 기회인지도 전혀 모르고 말이다.

"아버지, 저 그때 아버지한테 많이 배운 거 맞아요. 좋은 아빠란 어떤 아빠인지 그때 배웠잖아요."

더 많은 말을 하고 싶었지만 아버지가 말을 잇지 못하고 전화기를 어머니에게 건네는 바람에 더는 이야기를 나누지 못했다.

가족을 자신의 인생에서 가장 소중한 것으로 여겼던 아버지는 대단히 특이한 사람은 아니다. 대부분의 사람들이 자기 삶에서 가장 중요한 것을 꼽으라고 하면 가족을 꼭 포함시킨다. 사실 다섯 번째 질문은 다른 질문과는 약간 차이점이 있다. 대답이 상당히 예측 가능하다는 면에서 말이다(적어도 표면적으로는). 내 예상대로라면 이 질문을 하는 사람 또한 자기 인생에서 가장 중요한 것들로 가족, 친구, 일, 그리고 친절함을 들 것이다.

내가 확신을 갖고 이렇게 말하는 이유는 그동안 누군가의 삶을 기리는 추도사들을 수없이 읽었기 때문이다. 법대 교수이다 보니 정기적으로 읽는 법률 잡지가 있는데, 사망한 동료의 일과 삶을 기리는 추도사가 종종 실린다. 신문에는 유명인들의 부고가 실리기도 한다. 세계무역센터 쌍둥이 빌딩이 테러리스트 공격을 받은 후에 〈뉴욕타임스〉는 수 페이지에 걸쳐 9·11 사태로 사망한 남녀의 사연을 소개했다. 나는 그 모든 글을 다 읽었다.

추도사를 읽으면서 발견한 사실은 대부분의 사람들이 내가 말한 삶의 네 가지 영역 – 가족, 친구, 일, 친절한 행동 – 중 하나를 언급했다는 것이다. 게다가 자세히 읽어 보면 추도사를 쓴 사람이 이 네 영역 중 하나를 말하고 싶어 하고 그에 적합한 예를 끌어오기 위해 노력한 흔적을 엿볼 수 있다.

그들이 네 영역에서 주제를 골라 추도사를 쓰는 이유는 이것들이 우리 인생에서 정말 중요하다고 믿기 때문이다. 망자의 삶을 돌아볼 때 중요하지 않은 이야기를 하느라 시간을 낭비하고 싶지는 않을 테니까.

우리가 이미 답을 알고 있다고 해서 무엇이 가장 중요한지 묻는 노력이 필요치 않은 것은 아니다. 어떤 이들은 여기에 다른 영역을 더할 수도 있다. 이 넓은 영역 안에서 당신에게 가장 중요한 것이 무엇인지 스스로 알아내야 한다. 오직 당신만이 당신의 일, 가족, 우정, 태도 등 당신의 삶에서 무엇이 가장 중요한지 판단할 수 있다.

현재 이것들이 서로 긴장 관계 또는 갈등 상황이라면 어떻게 이 가치들을 조화롭게 할 수 있는지도 판단해야 한다. 일과 가족의 조화는 우리의 영원한 숙제다.

스스로에게 물어보자.

"무엇이 가장 중요한가?"

나 자신의 추도사를 미리 써 보는 것도 내 삶을 점검하는 좋은 방법이다. 매년 새해 첫날 이 질문을 하는 것도 추천한다. 당신도 나처럼 새해의 결심을 지키는 데 소질이 없다면 결심을 요구하는 질문 대신 이 질문으로 대체하는 것 또한 나쁘지 않은 전략이다. 당신에게 중요한 영역이나 주제를 알아보는 데만 그치지 않고 무엇이 살 되고 있고, 무엇을 더 잘해야 하며, 왜 그런지를 깊이 생각하는 것이 중요하다. 나 같은 경우는 어떻게 더 나은 남편, 더 좋은 아빠, 더 좋은 친구, 더 좋은 직장 동료가 될지를 생각한다. 부모님이 살아 계실 때는 어떻게 하면 더 좋은 아들이 될지 고민하기도 했다. 하지만 여전히 턱없이 부족하다. 그렇기 때문에 질문을 계속하는 것이다.

내가 원하는 삶의 핵심엔 무엇이 있을까?

우리 어머니와 관련된 일화로 이 장을 마무리하려고 한다. 가족을 중요하게 여기는 것은 당연하지만 그 안에서도 무엇이 정말 중요한지 한 번쯤 질문해 봐야 한다. 어머니가 내게 얼마나 중요한 존재인지는 알고 있지만, 어머니에게 있어 무엇이 가장 중요한지를 깨닫는 데는 아주 오랜 시간이 걸렸다. 우리의 관계에서 이것은 '용서'였다.

나의 어머니는 '회복된 알코올 중독자'였다. "한번 알코올 중독자는 영원한 알코올 중독자다."라는 말이 있다. 하지만 내가 어머니를 '회복된 알코올 중독자'로 표현한 이유는 어머니가 술을 끊은 다음부터 평생 동안 술을 입에 대지 않았기 때문이다. 물론 술을 끊기 위해 잠시 어머니는 가족과 멀리 떠나 있어야 했다.

내가 일곱 살 때 아버지는 어머니를 알코올 중독자 재활원에 입원시켰다. 어머니는 건조한 말투로 그곳을 '술꾼 농장'이라고 불렀다. 아버지가 비용을 대기가 어려울 땐 어머니의 부유한 작은아버지에게 부탁하기도 했다. 어머니가 재활원에 입원한 6개월 동안 아버지가 나와 동생을 돌보았다. 1970년대 초반이었고, 지금처럼 아버지들이 세심하고 적극적인 육아를 하던 시절이 아니었다. 더구나 우리 집은 입주 보모를 둘 형편이 못 되었기 때문에 약간은 고달픈 나날들이었다.

어머니가 집을 비웠던 시기는 몇 개의 장면으로만 기억에 남아 있다. 여동생과 나는 새벽 5시 30분에 일어나야 했다. 그래야 아버지가 6시 30분 출근할 때 우리를 이웃집에 데려다 줄 수 있었다. 다섯 아이를 키우는 그 이웃도 시리얼을 가루우유에 타서 먹었고, 등교 전엔 텔레비전 시청을 금지했기 때문에 동생과 나는 늘 신나지 않은 아침을 보냈다. 어머니는 입원해 있는 동안 우리에게 많은 편지를 보냈다. 편지지 뒷상에 직접 그림을 그리거나 동그란 종이에 회오리 모양으로 글을 써서 보냈던 다소 창의적인 편지들이 생각난다. 리틀 리그 야구 경기 중에 문득 어머니가 너무나 보고 싶었던 것도 생각난다.

여름 캠프에 우리를 데려다 준 이웃이 상담사에게 나를 가리키며 어머니에게 무슨 일이 있는지 설명하던 장면도 생생하다. 어머니가 집에 없을 때 처음으로 딱 한 번 엉엉 울던 내 모습도 생각난다. 아버지가 어머니를 방문하러 갔던 토요일, 할아버지 댁에 가지 않겠다고 고집을 부렸던 기억도 생생하다. 그날은 내가 제일 좋아하던 만화의 가을 시즌 첫 회가 방송되는 날이었는데 할아버지 댁에는 텔레비전이 없었다. 어머니가 집으로 돌아온 날은 우리 가족 모두가 모여 파티를 열었다.

그날부터 내가 깨닫기까지는 몇 년이 걸렸지만, 어머니는 자신만의 방식으로 잃어버린 시간들을 보상하려 애썼다. 아버지처럼 어머니 또한 나와 여동생에게 헌신적인 분이었다. 우리 가족은 전통적인 평범한 가정이었다. 어머니는 전업 주부였다가 여동생이 대학을 간 후에야 등록금에 보태기 위해 일을 했다.

어머니는 따뜻하고 똑똑하고 재능 있는 분이었다. 모든 종류의 파이와 케이크를 구울 수 있었고, 디저트는 우리 가족뿐 아니라 친구들 사이에서도 전설이었다. 어머니는 매년 우리의 할로윈 의상을 바느질로 직접 만들고 스웨터, 목도리, 장갑, 모자도 떠 주었다. 그뿐만 아니라 코바늘 뜨개질도 하고 자수도 놓았다. 매주 미스터리 소설 두세 권을 읽고, 〈뉴욕타임스〉 토요일판의 크로스워드 퍼즐을 한 시간 만에 풀기도 했다. 모든 스포츠 연습과 게임에 우리를 차로 데려다 주었고, 내가 출전한 게임에 한 번도 빠진 적이 없었다.

동생과 내가 대학에 간 뒤에도 어머니는 틈틈이 소포를 보내고,

때때로 우리를 보러 왔다. 우리가 집에 가면 어머니는 우리와 밤늦게까지 얘기를 나누었고, 아침에 떠날 땐 새벽에 일어나서 이것저것 챙겨 주었다. 어머니는 우리 아이들과 조카들에게도 자상한 할머니였다. 그리고 앞서 말한 대로 어머니는 그 이후로 다시는 술을 마시지 않았다. 내가 일곱 살 때 어머니가 잠시 집을 떠나 있었던 에피소드는 – 그리고 어머니가 술을 마셨다는 사실은 – 기억 속에서 희미해지다 거의 사라졌다.

하지만 어머니는 그 사실을 결코 잊은 적이 없었던 것 같다. 나중에야 알게 된 사실은, 어머니는 그 기억을 마음속에 묻은 적 또한 없었다는 것이다. 케이티와 내가 결혼할 때 어머니는 연회에 앞서 손님들이 도착하기 전에 나를 한쪽으로 불렀다. 어머니가 매우 긴장하고 있다는 것을 알았지만 이유는 알 수 없었다. 어머니는 들러리가 건배를 외치는 시간이 있지 않냐는 말을 꺼냈다. 샴페인이 있지 않냐는 이야기도 했다. 어머니에게 대체 왜 그러냐고 물었다.

"있잖아… 건배한 다음에 내가 샴페인 살짝만 마셔도 될지 너에게 묻고 싶어서 그래."

나는 바로 대답했다.

"당연하죠, 엄마. 그렇게 하세요."

그리고 덧붙였다.

"나한테 물어보실 필요 없어요. 나는 정말 괜찮아요. 그런 생각도 하지 마세요. 알았죠?"

웃으며 어머니를 안아 주었지만 뭔가 이상하다는 생각이 들었다.

어머니는 조용히 말했다.

"그래, 고맙다."

하지만 어머니는 움직이지 않았다.

그때 나는 어머니가 무엇을 생각하고 있는지 깨달았고 갑자기 울컥했다. 나는 어머니를 돌아보며 말했다.

"엄마, 저 엄마 용서했어요."

그 일 때문에 어머니를 비난한 적도 없고, 만약 그랬다 해도 이미 아주 오래 전에 용서했다고, 그리고 어머니가 지금껏 그 사실을 모르게 해서 죄송하다고도 말했다. 나는 어머니가 우리에게 해주신 모든 것이, 보통의 아이들이 부모에게 원하고 기대한 것 이상이었다는 걸 아셔야 한다고 강조했다. 몇 시간 후 우리는 건배 후에 샴페인 잔을 부딪쳤다.

하지만 우리에게 중요한 것은 샴페인이 아니었다. 정말 중요한 건 '내가 용서했다는 사실을 어머니가 아는 것'이었다. 이 자리에서 이 말만은 꼭 하고 싶다. 우리가 살면서 사랑하는 사람을 용서하는 건 굉장히 중요하다. 그리고 당신이 용서했다는 것을 그들이 알아야 한다. 하지만 함부로 말하지 않겠다. 당신에게 가장 중요한 것이 무엇인지는 당신만이 알 테니까.

내가 하고 싶은 말은, 그저 다른 사람에게 무엇이 가장 중요했을지 질문해 보면 좋겠다는 것이다. 물론 그보다 더 중요한 것은 그 질문을 자신에게 하는 것이다. 그리고 정직하게 두려움 없이 대답하는 것이다. 그 질문은 문제나 사건의 진짜 원인을 밝혀 줄 뿐 아니라 우리가 원하는 삶의 핵심에 무엇이 있는지 볼 수 있도록 도와줄 것이다.

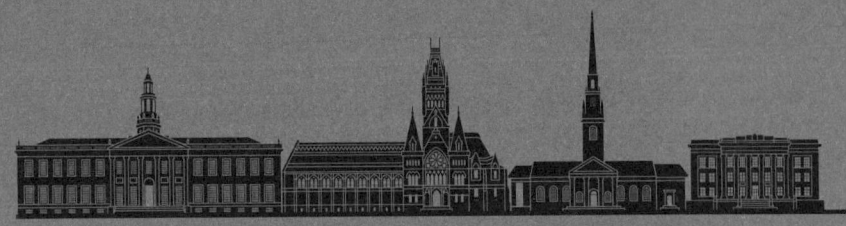

And Did You Get What You Wanted From This Life, Even So?

보너스 질문

그럼에도 불구하고
당신은 삶에서 원하는 것을 얻었는가?

Life's Essential Questions
"예."라고 답할 때까지 끊임없이 질문하라

내 삶의 마지막에 무엇이 남을까?
사랑하고 사랑받는 것,
우리 삶은 이것으로 충분하다.

'버팔로 머리' 내 친구 더그

이 보너스 질문을 생각하게 된 계기가 있다. 나는 최근에 절친한 친구이자 로스쿨 동기였던 더그 켄달의 장례식에 참석했다. 제3장의 내용을 기억할지 모르겠지만, 더그는 헌정이행연구소에서 헌법을 해석할 때 "우리가 적어도 이 점에는 동의하지 않습니까?"라고 물었던 변호사이다. 더그는 굉장히 능력 있는 변호사이자 비전이 있는 리더였고, 무척 헌신적인 친구이자 아버지, 남편이었다. 그는 또한 훌륭한 – 아마 필수적이라고도 할 수 있는 – 질문을 할 줄 아는 재능 있는 친구였다.

더그를 처음 만난 건 1989년 럭비 경기장에서였다. 둘 다 버지니아대학교 럭비팀 입단 테스트를 보기 위해서였다. 더그는 나를 위아래로 훑어보았는데, 대체로 내려다보았다고 할 수 있겠다. 그의 키는 190센티미터가 넘었으니까. 그는 우락부락한 체격 때문에 '덩치'_{Big Man}라는 별명으로 불렸다. 또한 상당히 큰 두상과 덥수룩한 갈색 머리카락 덕분에 '버팔로 머리'라는 자랑스러운 별명도 갖고 있었다.

　더그는 나를 보더니 씩 웃으며 말했다.

"럭비 선수치고는 쪼그맣군."

　그로부터 25년 동안 더그와 나는 팀메이트였고, 룸메이트였고, 공동 저자였고, 공동 음모자였다. 우리는 럭비만 같이 한 것이 아니라 응급실에도 같이 가는 사이였다(물론 이 두 가지는 깊은 관련이 있을 것이다). 더러운 럭비 운동화에 맥주를 따라 마시기도 했다(럭비 팀의 전통이다). 우리는 같이 자전거를 타고, 등산을 하고, 카약을 하고, 카누를 탔다. 같이 노르웨이, 멕시코, 코스타리카, 암스테르담, 캘리포니아를 여행했다. 같이 브루스 스프링스틴 콘서트를 보고, 버지니아대학 농구 경기를 보러 갔다. 토지 이용도에 따른 강제 징수금에 관한 긴 글을 쓰는 데 함께 매달리기도 했다. 다른 사람은 관심이 없었는데 더그가 진짜 중요한 문제라고 주장했기 때문이다. 대법관 임명에 관한 신문 사설을 공동으로 쓰기도 했다. 우린 미국 헌법에 명시된 다양한 조항의 원 의미에 대해서도 토론했다. 이렇게 더그가 끼어 있지 않은 내 삶은 별로 없다고 해도 과언이 아닐 정도로 우리는 가까웠다.

우리 로스쿨 동기들은 절대 수줍어하거나 내성적인 친구들이 아니다. 강한 성격들만 모인 이 집단에서도 더그는 누가 뭐래도 우리의 리더였다.

그는 모임을 만들고 우리에게 매년 꼬박꼬박 연락을 했다. 이 전통은 1990년 로스쿨 1학년 봄, 더그가 웨스트버지니아의 와토가 주립공원에서의 동기 여행을 계획하면서부터 시작되었다.

이후 25년 동안 한 해도 빠짐없이 최소한 1년에 한 번은 모였고, 마지막 여행은 더그가 죽기 한 달 전에 함께 간 메인 주 여행이었다. 이렇게 오랜 시간 인연을 유지한 덕분에 우리 동기들은 지금도 만나면 가족 같고 형제 같다. 더그가 없었다면 이 관계는 불가능했을 것이다. 그는 우리의 만남이 얼마나 중요한지 알았고, 다들 바쁘고 스케줄이 꼬여도 어떻게든 얼굴을 보게 만들었다. 이렇게 질문하면서 말이다.

"우리가 적어도 …할 수 있지 않을까?"

더그는 그냥 리더가 아니라 치어리더이기도 했다. 그는 친한 친구와 가족들을 그들 자신보다 더 믿어 주었다. 그는 우리에게 한 번도 무엇을 하라고 강요한 적이 없다. 항상 어떻게 도와줄 수 있는지 물었다. 그리고 실제로 도와주었다. 우리의 일은 어떤지, 관계는 어떤지, 무엇을 바라고 무엇을 두려워하는지 물으면서 우리 자신이 더 나은 길로 나아갈 수 있도록 도와주었다. 그의 질문에 우리는 솔직하게 답을 할 수밖에 없었다. 그 질문들이 마치 딱 들어맞는 열쇠처럼 우리의 꽁꽁 닫힌 마음을 열어 감춰져 있던 것을 내보이게 했다.

더그는 약간 특이하고 신기한 구석도 많은 친구였다. 일상생활의 평범한 논리에는 그리 능숙하지 못했고, 가끔은 엉뚱한 소리를 하기도 했다. 우리는 연신 "잠깐만, 뭐라고?"와 비슷한 뜻의 질문을 계속해야 했다.

우리가 로스쿨에 다닐 때 더그의 차를 얻어타고 집까지 가야 할 때가 많았다. 우리는 학교에서 16킬로미터 떨어진 작은 농장 근처에 살았다. 더그에게 언제 집으로 갈 거냐고 물으면 그는 황당한 표정으로 "잠깐만, 뭐라고?" 버전의 질문을 던지고는 두 시간 후에 다시 물어보라고 했다.

"두 시간 후에 언제 집에 갈 거냐고 다시 물어보라고? 두 시간 후에 만나는 게 아니고?"

그가 대답했다.

"응. 두 시간 후에 물어봐."

나에겐 똑같은 질문을 수없이 반복하는 버릇이 있다. 매우 유구한 역사를 자랑하는, 주변 사람들의 짜증을 유발하고 가족들의 평화로운 저녁 시간을 방해했던 그 고질적인 습관 말이다. 내가 계속해서 똑같은 소리를 하다 어느 선을 넘으면 더그는 거구의 다정한 친구에서 조금 무서운 사람으로 변했다. 우리는 그 변신의 순간을 '더그 대폭발'이라고 불렀다. 짜증이 폭발하는 순간인데, 더그이다 보니 그 강도가 더 크게 느껴졌다.

더그가 두 시간 후에 물어보라고 했지만 나는 옆에서 계속 귀찮을 정도로 물었다. 지금 이 순간도 모르는데 두 시간 후에는 어떻게 될지 아냐고 물었다. 그는 그때 이런 대답을 했던 것 같다.

"그땐 알아. 너의 그 한심한 엉덩짝을 내가 집까지 데려다 줄 건지, 그냥 걸어가게 할 건지. 그건 확실히 안다고."

나는 몇 발자국 물러나서 조용히 고개를 끄덕였다.

더그는 이렇게 생활적인 면에서는 다소 서툴기도 했지만, 인생에 대한 이해와 통찰은 누구보다 깊었다. 그래서 우리는 중요한 결정을 내려야 할 때면 그를 찾았다. 직업 상담을 할 때, 이사할 때 그의 의견을 물었고, 때로는 결혼 문제도 상담했다. 우리는 항상 더그에게 인정받고 싶어 했다. 그가 대단한 존재라거나 무조건 그의 조언을 따라야 한다고 생각해서가 아니라, 우리 모두 더그가 가장 중요한 것에 시선을 고정시키고 있다는 것을 알았기 때문이다. 우리의 판단이 더그에게 통하면, 우리가 옳은 길로 가고 있다는 자신감이 생겼다.

더그가 대학 동기와 직장 동료들 사이에서 항상 리더였던 또 하나의 이유는 그가 냉소적이지 않았기 때문이다. 비록 농담할 때 빈정대기는 했지만 마음은 소년처럼 여리고 늘 열려 있었다. 더그는 자신이 관심 있는 문제에는 어느 누구의 눈치도 보지 않고 열정을 표현했다. 사람들은 듣도 보도 못한 이야기지만 그 자신만큼은 세상에서 가장 중요하다고 생각하는 헌법 조항 같은 것들 말이다. 더그는 남들에게 어수룩하고 순진하게 보여도 상관하지 않았고, 호기심을 드러내는 데 부끄러워하지 않았다. 다시 말해서 그는 항상 "왜 그런지 궁금하네?"라고 물었다.

우리 삶은 사랑하고 사랑받는 느낌만으로 충만해질 수 있다

더그는 2016년에 대장암으로 세상을 떠났다. 51세의 젊은 나이였다. 그의 장례식 식순 뒤편에는 레이먼드 카버의 시 〈만년의 조각글〉Late Fragment이 적혀 있었다. 그 시는 내가 앞으로 보너스 질문이라고 부를 다음과 같은 문장으로 시작한다. 우리 모두가 언젠가 만나게 될 가장 중요한 질문이라 할 수 있겠다.

"그럼에도 불구하고
당신은 삶에서 원하는 것을 얻었는가?"

질문에 붙은 "그럼에도 불구하고"even so 라는 부분이 우리 인생에서 어느 누구도 피해 갈 수 없는 고통과 실망이라는 현실을 완벽하게 묘사했다고 생각한다. 또한 그럼에도 불구하고 우리에게 주어진 이 삶이 기쁨과 만족으로 넘칠 수 있다는 희망을 말하기도 한다. 이 시를 쓸 때 암으로 죽어 가던 레이먼드 카버도 자신의 삶을 돌아보

앉을 것이다. 사랑과 구원이 있었지만 상처와 실패로 얼룩졌던 자신의 삶을 생각하며 이런 질문을 했을 것이다. 더그의 장례식에서 본 이 시는 그토록 멋지고 특별한 삶을 살았지만 너무나 일찍 떠나버린 더그의 생을 그대로 반영한 질문처럼 느껴졌다.

물론 이 책에 나온 다섯 가지 필수 질문을 하며 산다고 해서 이 보너스 질문에 단박에 "그렇다. 나는 원하는 것을 얻었다."라고 대답할 수 있다고 약속할 수는 없다. 하지만 이 다섯 가지 질문을 한다면 적어도 그 대답에 가까이 가는 데는 도움이 될 거라고 생각한다. 이 질문들이 조금이라도 더 완전한 삶을 살아가는 데 유용한 가이드 역할을 해주기 때문이다.

"잠깐만요, 뭐라고요?"는 모든 이해의 근원이다.
"나는 궁금한데요?"는 모든 호기심의 근원이다.
"우리가 적어도 …할 수 있지 않을까?"는 모든 진전의 시작이다.
"내가 어떻게 도울까요?"는 모든 좋은 관계의 기본이다.
"무엇이 가장 중요한가?"는 삶의 핵심으로 들어가게 해준다.

당신이 호기심을 잃지 않고 이해를 구하는 삶을 산다면, 새로운 것을 시도하고 다른 사람을 도우며 그들에게서 배우려는 삶을 산다면, 무엇이 가장 중요한지에 초점을 맞추는 삶을 산다면, 이 보너스 질문을 받았을 때 바로 "그렇다."라고 대답할 수 있는 위치에 서 있을 것이다.

  우리는 삶에서 무엇을 얻고 싶은지 생각해야 한다. 그렇다고 해서 무언가 얻어내는 것에 집착하라는 뜻이 아니다. 물질적인 부에만 집중하라는 뜻도 아니다. 이 세상에서 당신의 삶이 다해 갈 때 무엇이 가장 중요하게 남을지 지금 당장 생각해 보라는 것이다. 그런 의미에서 물질적인 부는 이 마지막 질문에서는 비교적 작은 부분을 차지하고, 나와 타인과의 관계가 가장 결정적인 부분이 되지 않을까 싶다.

  적어도 레이먼드 카버는 자신의 생을 그렇게 보았다. "그럼에도 불구하고 당신은 삶에서 원하는 것을 얻었는가?"라고 질문한 후에 시는 이렇게 이어진다.

> 그렇다.
> 무엇을 원했는가?
> 이 지상에서,

나를 사랑받는 사람이라 부를 수 있고

사랑받고 있다고 느끼는 것.

이 단어 '사랑받는다'$_{beloved}$는 매우 중요하다. 이것은 지극한 사랑을 받았다는 의미뿐만 아니라 소중한 존재로 존중받았다는 의미이다. 사랑받았다는 느낌이 인생을 훌륭하게 산 유일한 기준은 아닐 것이다. 하지만 우리 같은 평범한 사람들이 지상에서 사랑받는다는 느낌, 소중히 여겨지고 존중받는 느낌을 갖고 떠난다는 것은 분명 가치 있는 목표이고, 그것이 결국 인생의 마지막에 우리 모두가 받고 싶어 하는 최고의 상이 아닐까 싶다. 좋은 질문 – 즉, 필수불가결한 질문 – 을 하고 그 질문에 대답하는 습관은 이 목표를 이루고 이 상을 받는 기쁨을 누리도록 해준다. 또한 질문을 통해 사람들 사이에 두터운 관계가 형성되고 유지되는 보람을 안겨준다.

내 친구 더그는 살아 있는 동안 생의 마지막까지 어떻게 살아야 하는가에 대해 많은 것을 보여주었다. 그래서 그의 장례식에서 읽은 카버 시의 울림이 더욱 크게 다가왔다. 나는 이 책을 그에게 바치고 싶다.

더그는 가장 중요한 질문을 했고, 대답을 들었다. 그는 좋은 질문의 힘과 심오함과 아름다움을 깊이 이해했다. 그는 가족과 친구와 동료들에게 사랑받았고, 우리 또한 사랑받는다고 느끼게 해주었다. 더그의 삶이야말로 우리가 지상에서 사랑받는다고 느끼기 위해서는 다른 사람에게 먼저 사랑받는다는 느낌을 전해 주는 것임을 증명하고 있다.

   당신이 어떻게 하면 그런 삶을 살게 될지 아직 확신하지 못한다면, 먼저 질문을 하라.

글을 마치며

질문을 대하는 우리의 자세

제대로 질문해야 제대로 된 답이 나온다

　우리들은 늘 올바른 대답, 맞는 대답을 찾는 데만 급급했다. 직장 동료들 사이에서 무능한 사람이 되고 싶지 않다. 또한 우리를 믿고 의지하는 사람에게 얼뜨기처럼 보이고 싶지 않다. 이를테면 초보 엄마 아빠는 아이에 대해 모든 답을 알고 싶어 한다. 신입 직원은 대답하지 못할 질문에 맞닥뜨렸을 때 불안하고 초조해한다. 무슨 일이든 처음 시작할 때 자주 일어나는 현상이다.

　새로운 경험은 늘 스트레스일 수밖에 없다. 그래서 모든 질문에 답을 알고 있어야 한다고 생각하는데 정작 당신이 가진 것이 질문밖에 없다면? 그 스트레스는 상상을 초월한다.

 나도 처음 학장이 되었을 때 내가 많은 부분에서 해결사가 되어야 한다는 부담감에 시달렸다. 가능한 모든 해답을 내놓는 것이 내 일이라 생각했다. 결국 리더란 비전을 제시해야 하는 사람이니까. 비전을 말로 표현할 줄 안다는 것은 어떤 면에서는 중요한 질문에 대답을 할 줄 안다는 것이다. 결국 이 대학원이 어떤 교육기관이 되어야 할지 답해야 한다고 생각했다.

 사실 처음 부임했을 때 비전은 고사하고 화장실도 못 찾아 헤매기 일쑤였다. 작은 문제에 대한 해답도 없다는 것이 나를 불안하게 했고, 때로는 좌절을 넘어 급기야 패닉에까지 이르게 했다.

 어느 순간 내가 모든 해답을 아는 척하는 것이 무척 피곤해졌다. 그래서 질문을 하기 시작했고, 때로는 질문도 질문으로 답하곤 했다.

 "그건 매우 좋은 질문입니다. 당신은 어떻게 생각하시나요?"

 질문의 성격은 다르다 해도 좋은 질문을 하는 것이 법대 교수뿐만 아니라 학장에게도 매우 중요하다는 사실을 깨달았다. 함께 일하는 사람들에게 질문을 해야 그들도 영감을 주는 비전을 구체화할 수가 있다. 그 점을 깨닫기 전까지는 내가 받는 질문에 모두 대답할 수 없다는 사실에 근심의 나날을 보냈다.

답만큼이나 질문도 중요하다. 아니, 어떤 경우엔 답보다 질문이 더 중요할 수도 있다. 질문이 좋아야 대답 또한 좋을 수 있기 때문이다. 이는 단순한 진리이다. 엉뚱하고 잘못된 질문을 하면 엉뚱하고 잘못된 답을 얻게 된다. 경험을 통해 깨달은 사실이다.

모든 분야의 혁신가들은 소아마비 백신을 발명한 조나스 소크의 방식을 이해한다. 소크는 이렇게 말했다.

"발명의 순간은 알고 보면 사실 질문의 순간이다."

물론 그 질문을 찾아내는 데 수많은 시간이 걸리지만, 절대적으로 가치가 있는 시간이다. 아인슈타인은 좋은 질문의 중요성을 굳게 믿은 사람이다. 그는 문제 해결을 위해 한 시간이 주어진다면 55분은 적절한 질문을 고르는 데 쓴다고 말하기도 했다. 물론 여러분이 해결책을 찾을 때는 아인슈타인보다는 조금 더 많은 시간을 갖고 싶겠지만, 내가 전하려는 요점이 무엇인지는 짐작할 것이다.

좋은 질문은 개인의 삶에서도 매우 중요하다. 좋은 친구가 좋은 질문을 한다. 좋은 부모도 마찬가지이다. 그들은 그저 묻는 것만으로도 당신을 얼마나 알고 있으며 또 얼마나 아끼는지를 보여준다.

당신을 잠시 멈추게 하고, 생각하게 하고, 마음속의 진실을 끌어내고, 더 깊은 유대감을 불러오는 질문을 한다. 억누르려 해도 자연스럽게 답이 나오는 질문을 한다. 거부할 수 없는 답변을 하게 만드는 질문은 우리가 살면서 개발해 나가야 할 정교한 기술이다.

좋은 질문만큼 중요한 듣기의 기술

좋은 질문을 한다는 건 지극히 인간만의 특징이라 할 수 있다. 파블로 피카소는 컴퓨터가 제공하는 것은 답변뿐이기 때문에 쓸모없다고 말한 적이 있다. 약간은 극단적인 의견이라 할 수도 있으나, 피카소가 시리와 구글은 고사하고 왓슨이 발명되기도 훨씬 전에 이렇게 말했다는 점을 감안해야 할 것이다. 하지만 생각해 보면 시리, 구글, 왓슨은 기본적인 질문에 대한 정확한 답을 내려주지만 좋은 질문을 하는 능력은 그리 뛰어나지 않다.

엉망인 질문을 해석하는 컴퓨터의 능력은 대체로 형편이 없다. 그래서 나는 질문에 대해 또 다른 제안을 하고 싶다. 그것은 좋은 질문 못지않게 어떻게 듣는지도 매우 중요하다는 사실이다.

이 세상에 나쁜 질문이란 없다는 말은 상투적인 단정이다. 이 말은 부분적으로만 맞다고 할 수 있다. 처음 들었을 때 형편없는 질문처럼 보이지만 그렇지 않은 질문도 많다. 이를테면 내가 했던 "너 노만 맞지? 우리 민사소송 시간에 같이 수업 들었는데." 같은 질문이다.

좋은 질문과 나쁜 질문에 대한 판단은 듣는 사람에 따라 달라지기도 한다. 질문을 할 뿐만 아니라 듣게 될 당신에게 꼭 당부하고 싶은 게 있다. 당신이 질문 의도에 주의를 기울여 너그러운 마음으로 듣는다면 나쁜 질문도 좋은 질문으로 바꿀 수 있다.

앞으로도 우리는 바로잡기도 힘든 질문을 수없이 만나게 될 것이다. 처음에는 나쁜 질문 같았지만 실제로 좋은 질문일 수도 있고, 웃기고 유치하지만 순수한 질문일 수도 있다. 그 점을 설명하기 위해 여기서 잠깐, 수행평가 형식으로 쉾은 퀴즈를 내보겠다. 지금부터 소개하는 두 이야기의 차이점이 무엇인지 설명해 보자.

1984년 꿈에 부푼 신입생으로 예일대학교 캠퍼스를 밟게 된 나는 같은 과 여학생과 단둘이 얘기할 기회가 있었다. 가볍고 유쾌한 자기소개가 오갔고 20분 정도 정답게 대화를 나누었다. 여학생이 잠시 고개를 갸우뚱하더니 물었다.

"나, 뭐 하나 물어봐도 되니?"

'오우, 웬일! 정말 믿어지지 않아!'

나는 흥분했다.

'나와 같이 저녁 먹자거나 영화 보자는 거겠지? 대학생이 된 지 이틀 만에 데이트 신청을 받다니!'

그 여학생의 질문을 말하기 전에 언급해야 할 것은, 당시 내 키는 대략 160센티미터 정도였다는 사실이다. 지금과 비교한다면 15센티미터나 작았다는 말이다. 그때까지 나에게 폭풍 성장기란 그저 가상의 개념이었을 뿐이다. 다시 말해, 나는 그때 열두 살이나 열세 살 소년으로 보였다!

다시 질문으로 돌아간다. 나의 대학 첫 여자 친구가 되길 바랐던 그 여학생은 이렇게 말했다.

"이런 걸 물어봐도 될지 모르겠는데… 너 혹시, 있잖아… 영재 특기생 그런 거니?"

당신이 상상한 대로 우리는 저녁을 함께 먹지 않았고 영화도 보지 못했다.

그 질문과 대조되는 또 하나의 질문은 이 어색한 '영재 특기생' 대화가 일어나기 두 달 전 나의 어머니가 받았던 질문이다.

나는 뉴저지 북부의 미들랜드 파크라는 곳에서 자랐다. 우리 동네에는 블루 컬러 노동자들이 많이 사는데 주로 배관공, 전기 기술자, 정원사들이 거주한다. 바로 옆 동네는 미들랜드 파크에 거주하는 배관공, 전기 기술자, 정원사를 고용할 수 있는 집주인들이 많이 사는 부촌이었다.

우리가 자주 가던 마트인 A&P는 우리 동네와 옆의 부촌 사이에 위치하고 있었다. 어느 날 어머니가 A&P 주차장에 주차를 하고 있는데 고급스러운 옷차림의 한 여성이 다가오더니 어머니에게 말을 걸었다.

"저, 혹시 미들랜드 파크에서 오셨나요?"

"네. 그런데요?"

그 여성은 차 뒷면 유리에 붙은 예일대학교 스티커를 가리키더니 이렇게 물었다.

"사생활을 캐물어서 죄송한데요… 그냥 궁금해서요. 자동차 살 때 예일대학교 스티커가 붙어 있었나 봐요?"

위의 두 가지 질문의 차이를 알겠는가? 첫 번째 질문은 순수했다. 아니, 약간 웃기기까지 했다(몇 달 후 드디어 나의 성장기가 왔다는 사실을 깨달은 후에는 그 일을 웃어넘길 수 있었다). 두 번째 질문은 다분히 악의적이다. 이는 질문이라 할 수도 없다. 그야말로 모욕에 가깝다.

당신 또한 언젠가는 악의적인 질문을 받게 될 것이다. 대학 친구나 상사, 친척뿐 아니라 모르는 사람에게서도 받게 될 것이다. 그럴 때 그 질문이 악의적인 질문인지 순수하지만 서툰 질문인지 구별할 수 있어야 한다.

서툰 질문은 당신을 더 잘 알고자 하는 사람의 질문 방식일 수도 있고 불안과 무지의 결과일 수도 있지만, 이 불안과 무지를 도덕적으로 비난할 수는 없다. 진실로 나쁜 질문은 질문을 가장한 판단이나 편견으로 당신을 비하하거나 혹은 덫에 걸려 넘어지게 하려는 의도가 깔린 질문이다. 이러한 '질문의 탈을 쓴 악의'는 경계해야 한다.

그럼에도 불구하고 우리는 진실한 질문은 물론 서툰 질문에도 마음을 열고 들으려는 너그러운 태도를 가져야 한다. 질문의 의도와 맥락을 파악하고 상대방과 진심으로 소통하고자 하는 마음이 가장 바람직한 경청의 자세이다. 좋은 질문과 경청은 삶에서 중요한 것들을 놓치지 않게 해주는 놀라운 기술이다.

감사의 글

이 책은 매트 웨버, 메레디스 라몬트, 마일스 도일이 없었으면 세상에 태어나지 못했을 것이고, 그렇기 때문에 잘못되다 해도 그들 탓(?)이다. 매트와 메레디스는 하버드 교육대학원의 훌륭하고 따뜻한 동료들이고, 그들이 나의 졸업 축사 클립을 인터넷에 올리게 한 장본인들이다. 나는 이 동영상이 다른 어떤 것보다 짧고 간결했기 때문에 그렇게 입소문이 나고 하퍼콜린스 출판사의 에디터 마일스의 눈에도 띄었다고 생각한다. 마일스는 온화하지만 끈질기게 이 연설을 책으로 만들어 보자고 설득했다. 나는 직업상 일이 많은데다 그 이상 할 말도 없을 것 같아 쉽게 결정을 못 내렸다. 끊임없이 나를 설득했던 마일스의 자신감과 낙관주의가 없었다면 이 책은 시작도 하지 못했을 것이다. 그의 편집과 계속된 응원 덕에 이 책이 세상에 나올 수 있었다.

친구와 가족이 원고를 먼저 읽어 주었다. 스티브 기욘, 미미 거브스트, 마시 호머, 마이크 클라만, 메레디스 라몬트, 다릴 레빈슨, 맷 웨버는 원고를 읽고 훌륭한 조언을 해주었다. 더욱 고마운 것은 내 이야기를 정말 재밌게 읽은 척해 주었다는 것이다. 아내 케이티 또한 원고를 읽고 – 내가 몇 번을 애걸한 끝에 – 이 책에 나오는 자신의 이야기를 지우지 않아도 된다고 허락해 주었다. 그러면서 오래된 이야기를 떠올려 주기도 했다. 우리 아이들 – 윌, 샘, 벤, 피비 – 은 이 책을 쓰고 있을 때도 계속해서 새로운 이야기를 생산해 주었다. 만약 이 책의 속편이 나온다면 그 이야기들을 소개하겠다.

전문적인 지도와 도움을 준 나의 에이전트 하워드 윤에게 고맙다는 인사를 전한다. 책의 편집을 맡아 준 프로그레시브 퍼블리싱 서비스에게도 감사하다. 나의 훌륭한 비서인 모니카 색은 이 책을 쓸 시간을 만들어 주기도 했다.

책을 쓰면서 가장 즐거웠던 것은 이 책이 내 삶을 함께 해준 친구와 가족을 다시 한 번 떠올릴 기회를 주었다는 것이다. 아직도 다하지 못한 더 많은 이야기들이 있었다. 이 책에 실렸던 이들, 또한 책으로까지는 나오지 않았지만 이야기의 일부였던 그들 모두에게 나의 진심 어린 애정과 감사를 전한다.

The last advice of Harvard professor